黑棋非棋　编著

围棋基础自测

1200题

死活篇

化学工业出版社
·北京·

图书在版编目（CIP）数据

围棋基础自测1200题. 死活篇 / 黑棋非棋编著. —北京：
化学工业出版社，2017.7（2025.1重印）
ISBN 978-7-122-29674-0

Ⅰ.①围… Ⅱ.①黑… Ⅲ.①围棋－习题集 Ⅳ.
①G891.3-44

中国版本图书馆CIP数据核字（2017）第095291号

责任编辑：史　懿　　　　　　　　　　　　　装帧设计：刘丽华

出版发行：化学工业出版社（北京市东城区青年湖南街 13 号　邮政编码 100011）
印　　装：大厂回族自治县聚鑫印刷有限责任公司
710mm×1000mm　1/16　印张 12　2025 年 1 月北京第 1 版第 6 次印刷

购书咨询：010-64518888　　　　　　　　售后服务：010-64518899
网　　址：http://www.cip.com.cn
凡购买本书，如有缺损质量问题，本社销售中心负责调换。

定　价：39.80 元　　　　　　　　　　　　版权所有　违者必究

前言

　　本套书主要写给初学围棋的儿童及其家长，以及自学围棋的爱好者。

　　爱好者无论是接受系统的围棋教学，还是自学，做练习题都是学习围棋必不可少的内容。做练习题既可以巩固所学知识，提高计算能力，更可以培养行棋的第一感觉，对于提高棋艺水平大有裨益。

　　初学者做题时，往往比较茫然，不知道"着手"在哪里，而下一手对方又将回应在哪里。笔者在开始学习围棋时也有过这样的困惑，所以根据多年的教学经验，编写了这套《围棋基础自测1200题》。

　　本套书包含吃子篇、死活篇、对杀篇三册。吃子、死活和对杀是围棋最基本的技能，吃子是各项技能的前提，死活是围棋对弈的核心，对杀是棋艺提高的台阶。只有掌握了这三项基本技能，才能继续学习布局、打入、定式、官子等更深入的知识。本套书不涉及大局观等全局概念，只研究局部的拼杀，并以此为基础，帮助爱好者向更高深的领域进军。

　　本套书的特点如下。

　　①从零基础开始，在难度上无门槛，初学者上手快，可增强信心，随后逐步

提升难度，非常适合初学者自我强化练习。

②全部使用图解式答案，尽量不用文字注解，儿童可轻松学习。

③答案详细。本套书将正解图和失败图尽可能展现给读者。目的有四：第一，正解图中包含了围棋的棋理，变化图和失败图也包含着一定的棋理；第二，不管是研究正解图还是失败图，都会有收获，研究失败图也是长棋的一种途径；第三，失败图的着点都是初学者经常走出来的，读者可以此为鉴；第四，详细的解析也便于学生、家长及自学围棋的爱好者参考。

初学者可根据棋力提升的速度安排做题的进度。刚入门时，可做一些简单的吃子练习，当正确率比较高时，可以相应地做一些死活、对杀练习。这样循序渐进，螺旋式上升，既减少了做题过程中的枯燥感，又避免了棋艺上升时可能出现的瓶颈期，更能够接触不同的题型，有利于实战应用，一举多得。

本套书在编写过程中得到了李恩国、罗季雄、王文涛、韩载鸣、彭宁辉、李铮宙、赵博、韩洋、张春梅、齐庆恩、齐树森、马玉兰、马玉华、马玉艳、慕万增、马玉梅、罗野、罗岩、高素春、狄春红、齐飞、齐成、罗小雷、罗宇轩等同仁及亲友的支持与帮助，在此一并表示感谢。

黑棋非棋

2017.3

·本书使用说明·

　　本书中的练习题都是黑先。正解答案都是黑棋净杀白棋或黑棋净活。如果走成打劫或双活等结果，则会被判为失败。随着题目难度的加大、爱好者棋力的提高，答案中一些过于简单的失败图就不再收入其中了。

　　爱好者若对照答案发现自己解题的"着点"在书上找不到时，一般是因为此点为"无理手"，视做错误答案，可重新寻找合理的着点。

　　死活题只考虑局部棋形的死与活，这其中会涉及一些特殊的吃子做眼技巧，以及一些紧气技巧。

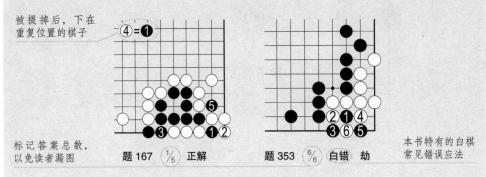

被提掉后，下在重复位置的棋子　④=❶

标记答案总数，以免读者漏图　　题167 ⅓ 正解　　题353 ⁶∕₆ 白错 劫　　本书特有的白棋常见错误应法

　　① ×为提掉的棋子，▲为打劫的子，其余重复落位的子用■○等表示。

　　② A、B两点不是先A后B的次序。它们的含义是：下一手若一方走了A点，另一方就走B点；若一方走了B点，另一方就走A点。

　　③ "劫"是打劫的简称，"双"是双活的简称，"盘四"是盘角曲四的简称。

　　虽然笔者很想把全部的答案写进书中，但因为围棋的变化太多，无法也不可能做到穷尽所有。所以也有照顾不到的地方，有些不太重要的答案也只能忍痛割爱，书中的答案仅供参考。

目录

自 测 题

死活在学习围棋过程中是最重要的一项内容，它是通向围棋殿堂的一把"金钥匙"，为围棋各种战术的使用提供了坚实的平台。可以说，死活是围棋最重要的基本功，围棋从始至终都是围绕着死活问题展开的。

活棋的主要方法如下：

① 将棋下成活棋型；　　　　② 扩大眼位；

③ 三眼两做；　　　　　　　④ 打三还一可做眼；

⑤ 打二还一可连接。

杀棋的方法主要如下：

① 将对方的棋下成死棋型；　② 缩小眼位；

③ 打二还一不成眼；　　　　④ 利用扳、点、扑、跳、立等手段破眼。

死活型有如下三大类：

① 活棋型（或称杀不死），包括直四、弯四（包括两个形状）、板六；

② 死棋型（或称做不活），包括直二、方四；

③ 一点死型（或称看谁先），包括直三、弯三、丁四、梅花五、刀把

五、葡萄六。

在死活型的基础上，我们还要注意它们在棋盘上所处的位置、断点及气的情况。

除此之外还有比较常见的死活型，如大猪嘴、六死八活七要补等。常见的双活型，如葡萄七、板八等。常见的打劫型，如小猪嘴等。

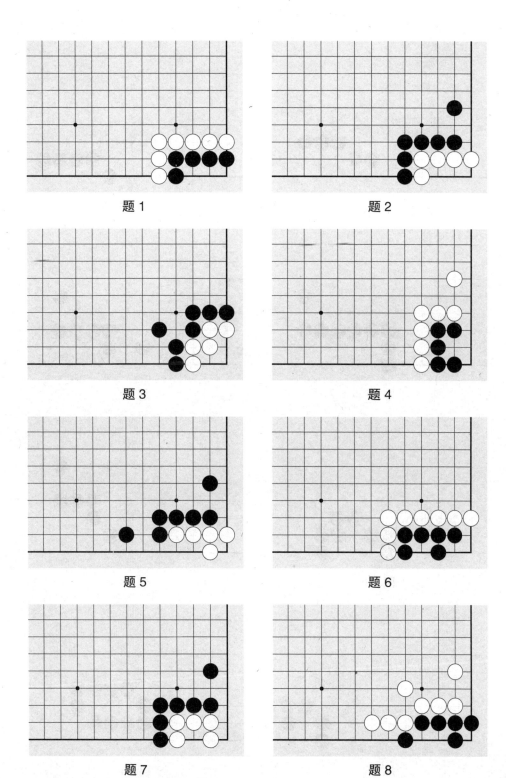

題 1

題 2

題 3

題 4

題 5

題 6

題 7

題 8

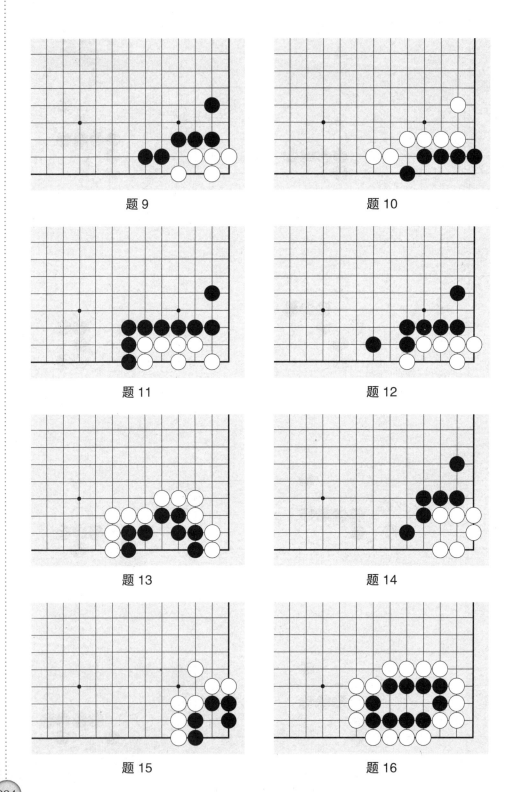

题 9

题 10

题 11

题 12

题 13

题 14

题 15

题 16

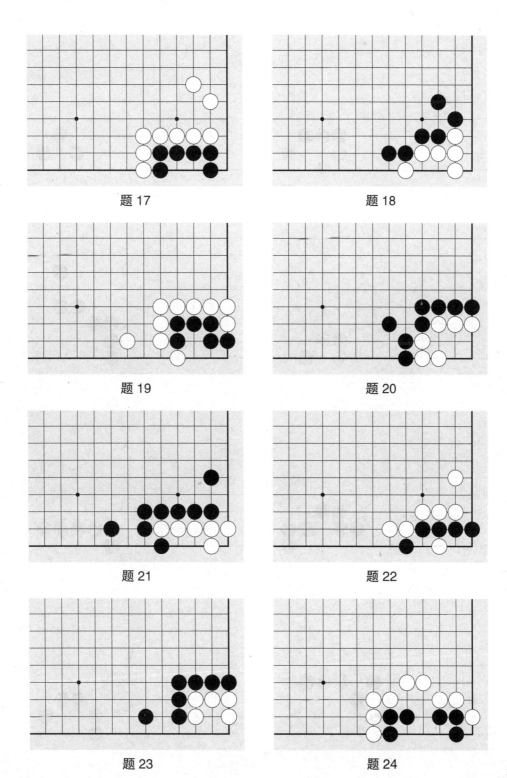

題 17

題 18

題 19

題 20

題 21

題 22

題 23

題 24

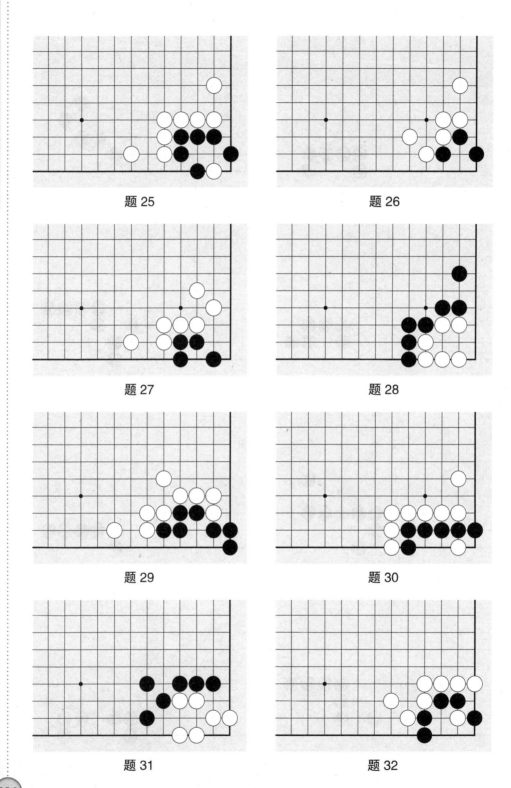

题 25

题 26

题 27

题 28

题 29

题 30

题 31

题 32

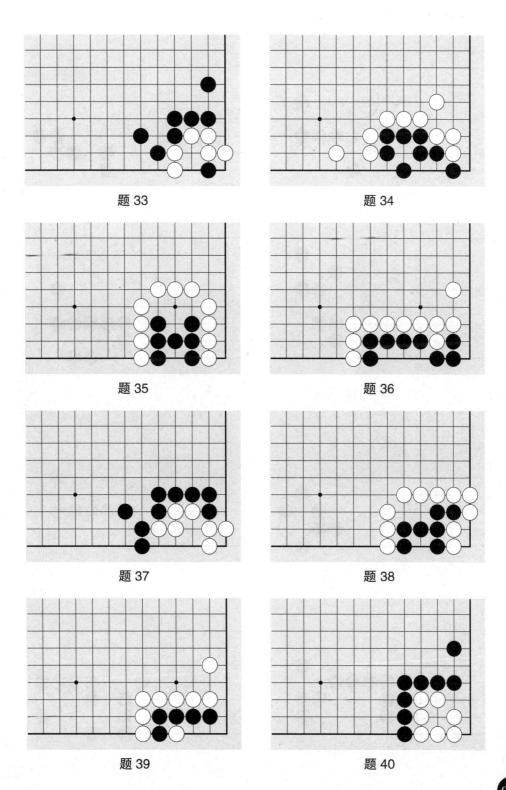

题 33

题 34

题 35

题 36

题 37

题 38

题 39

题 40

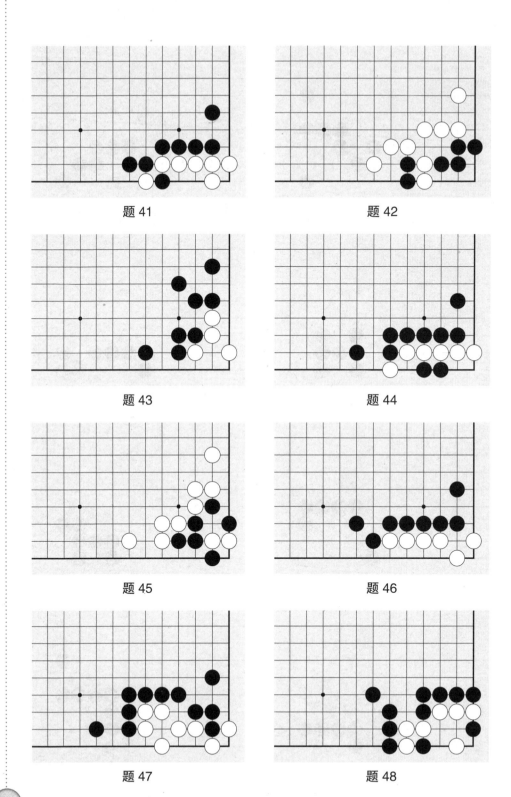

题 41

题 42

题 43

题 44

题 45

题 46

题 47

题 48

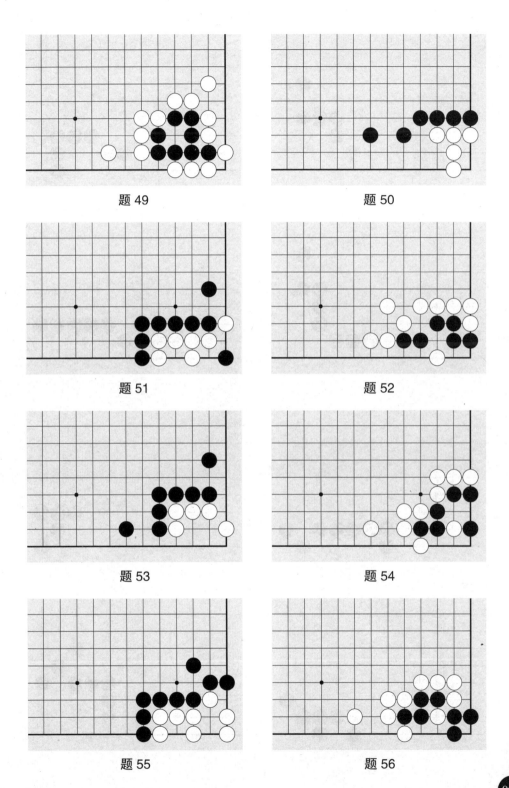

題 49

題 50

題 51

題 52

題 53

題 54

題 55

題 56

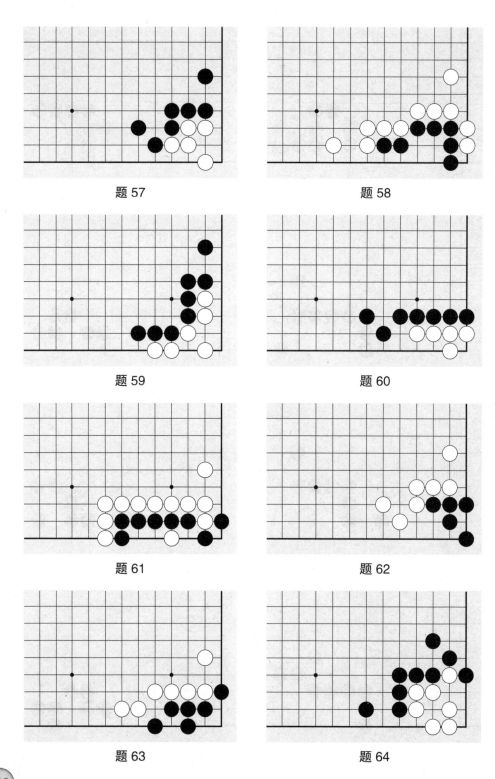

题 57

题 58

题 59

题 60

题 61

题 62

题 63

题 64

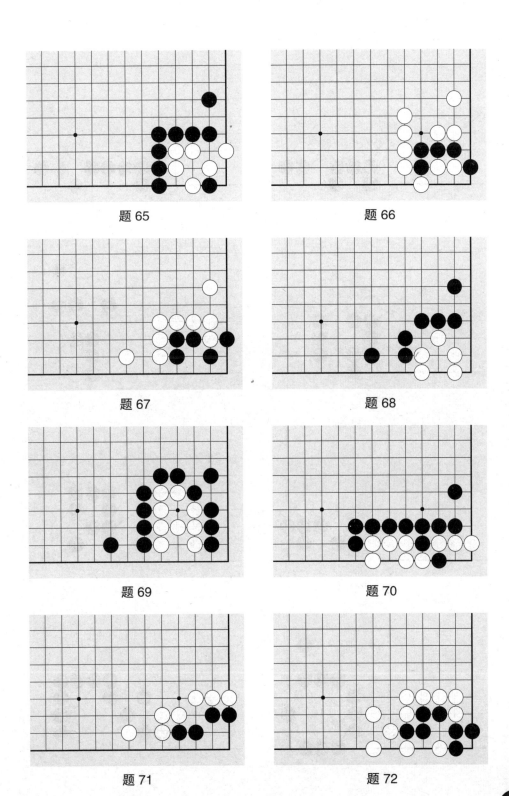

题 65

题 66

题 67

题 68

题 69

题 70

题 71

题 72

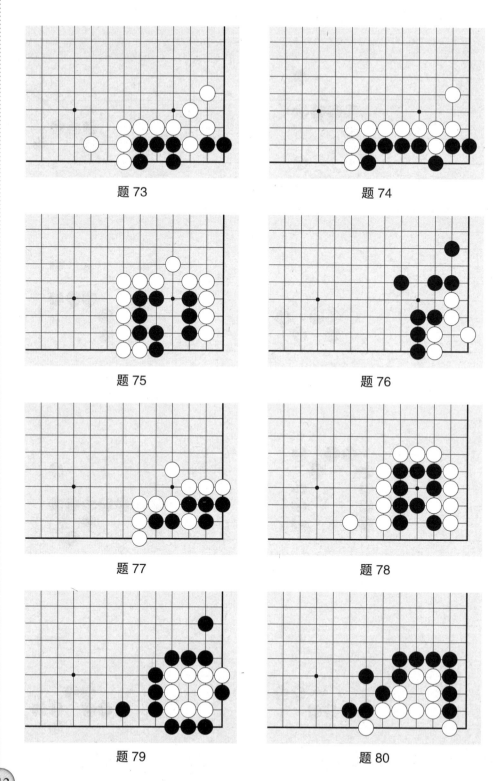

题 73

题 74

题 75

题 76

题 77

题 78

题 79

题 80

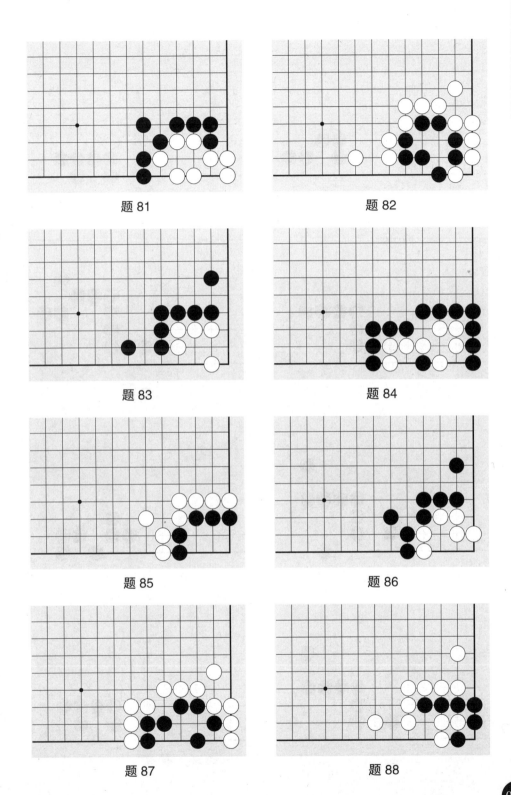

題 82

題 83

題 84

題 85

題 86

題 87

題 88

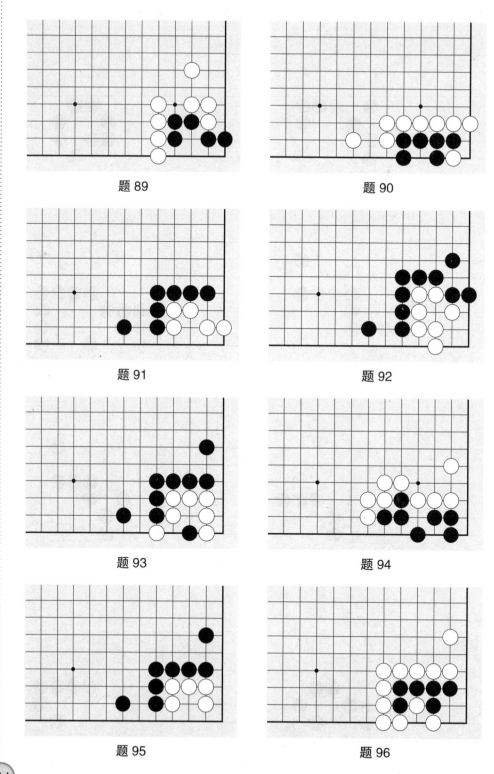

题 89

题 90

题 91

题 92

题 93

题 94

题 95

题 96

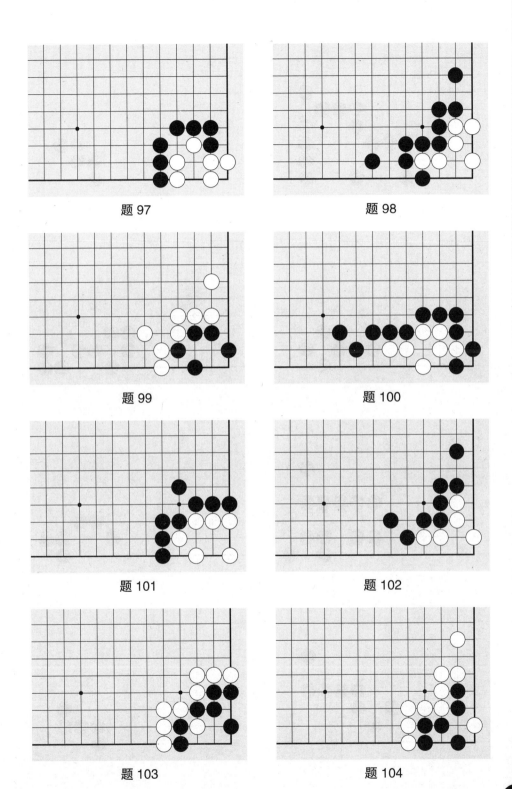

题 97

题 98

题 99

题 100

题 101

题 102

题 103

题 104

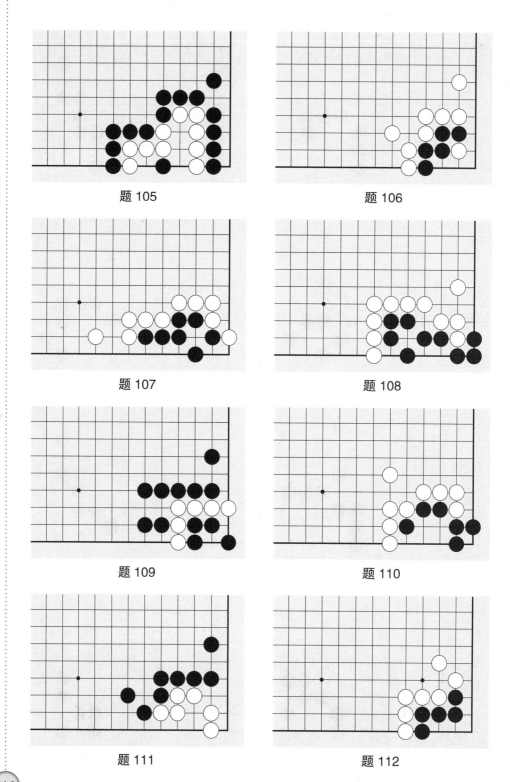

题 105

题 106

题 107

题 108

题 109

题 110

题 111

题 112

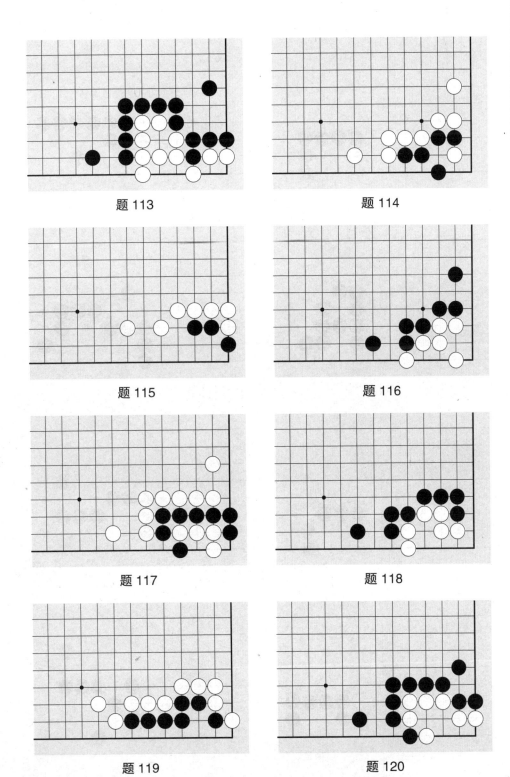

題 113

題 114

題 115

題 116

題 117

題 118

題 119

題 120

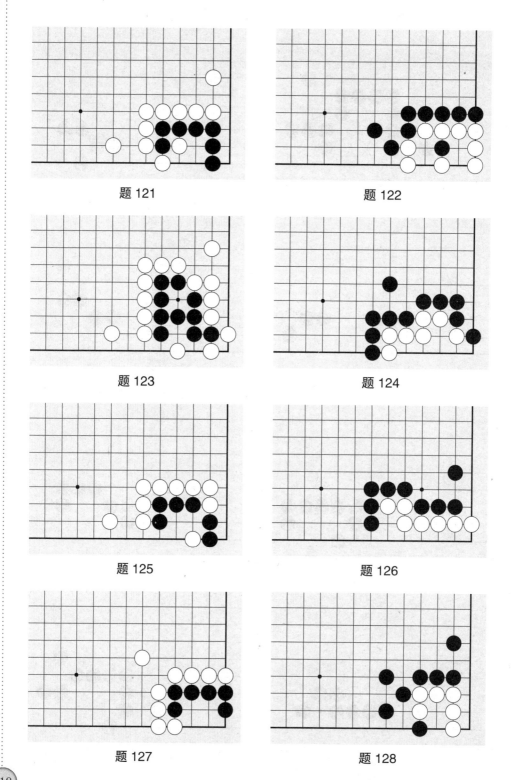

题 121

题 122

题 123

题 124

题 125

题 126

题 127

题 128

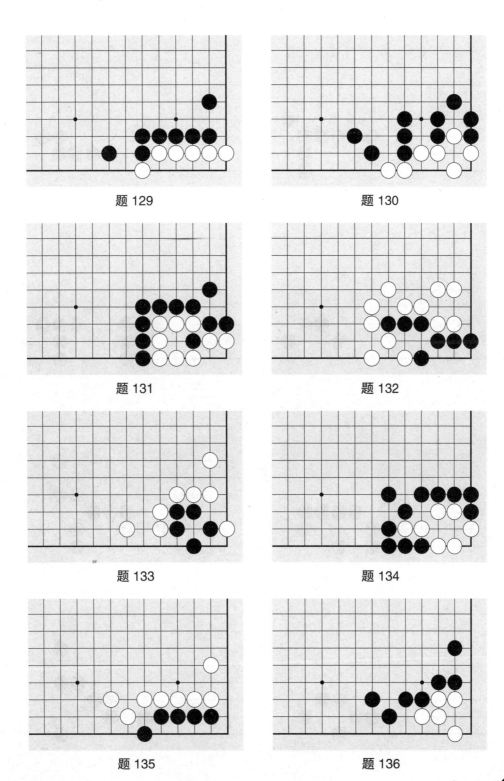

題 129

題 130

題 131

題 132

題 133

題 134

題 135

題 136

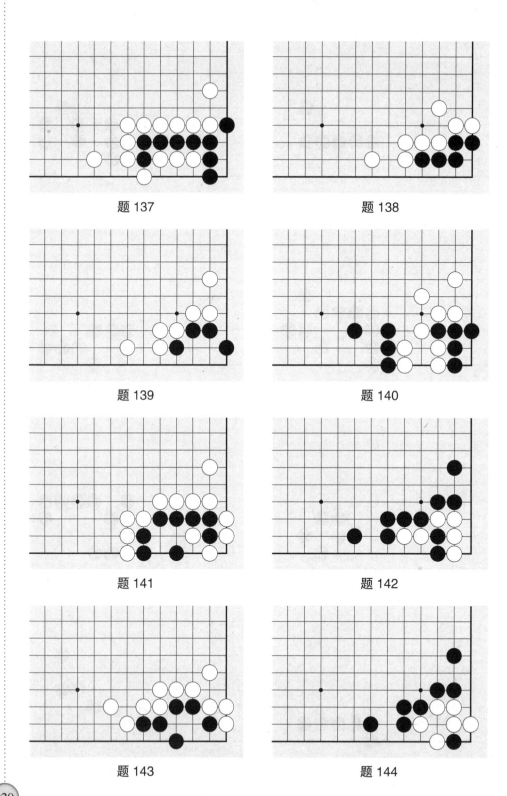

题 137

题 138

题 139

题 140

题 141

题 142

题 143

题 144

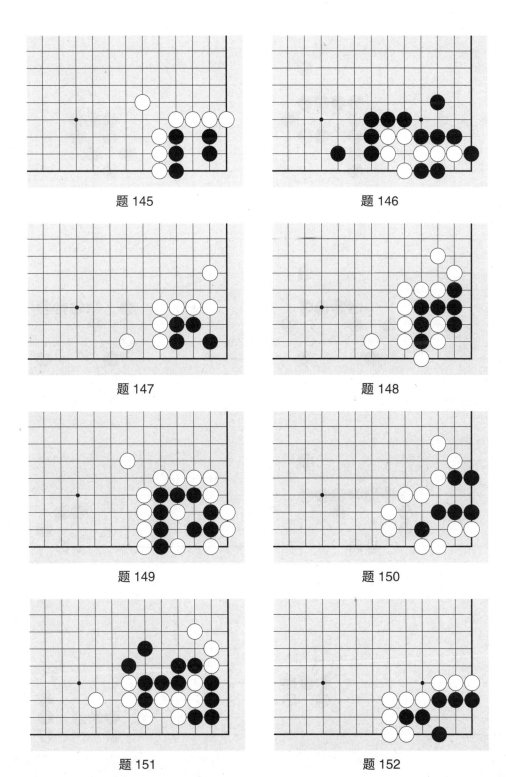

題 145

題 146

題 147

題 148

題 149

題 150

題 151

題 152

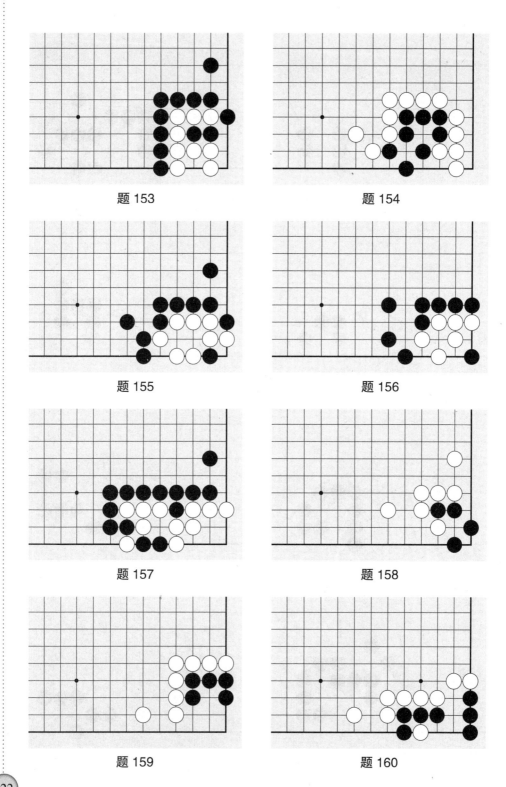

题 153

题 154

题 155

题 156

题 157

题 158

题 159

题 160

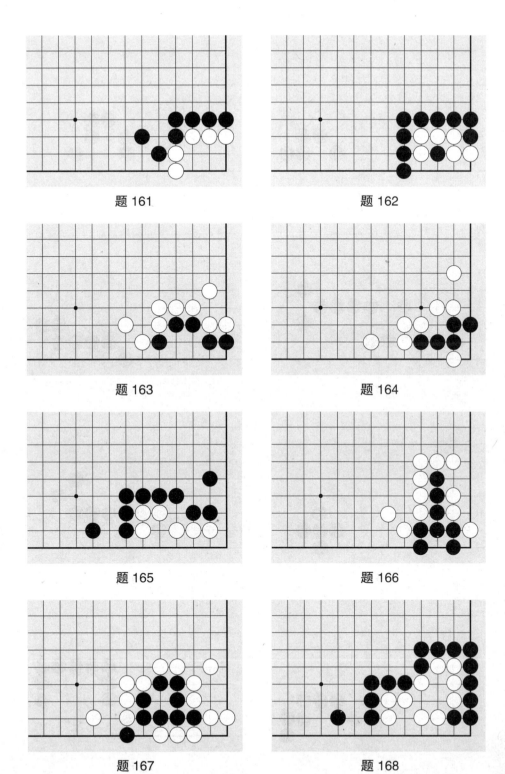

題 161

題 162

題 163

題 164

題 165

題 166

題 167

題 168

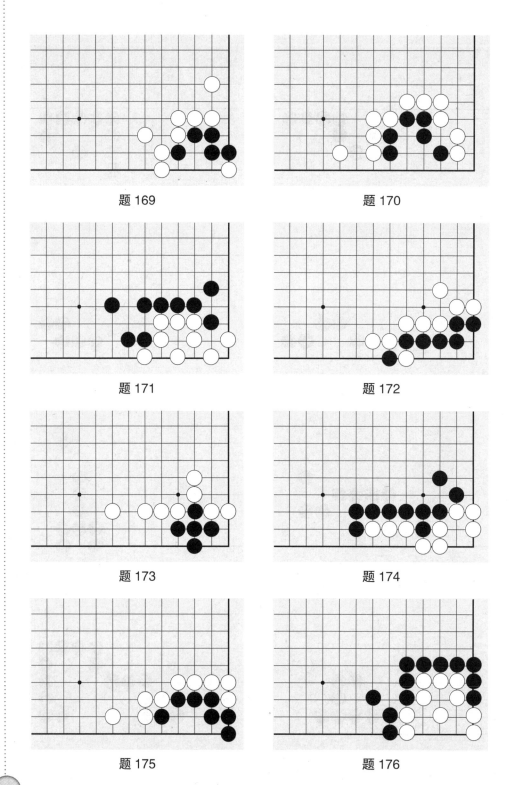

题 169

题 170

题 171

题 172

题 173

题 174

题 175

题 176

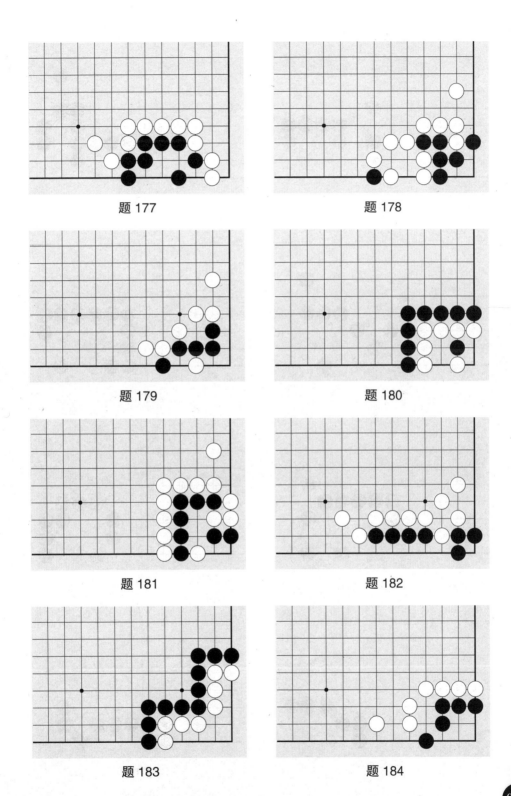

题 177

题 178

题 179

题 180

题 181

题 182

题 183

题 184

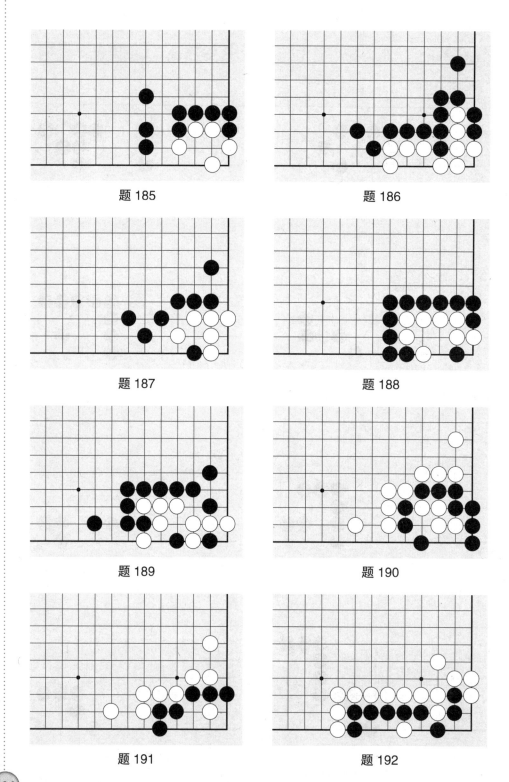

题 185

题 186

题 187

题 188

题 189

题 190

题 191

题 192

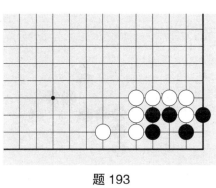

题 193

题 194

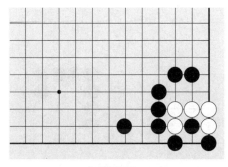

题 195

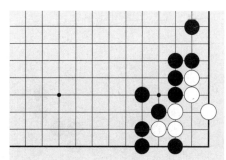

题 196

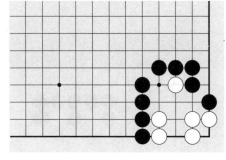

题 197

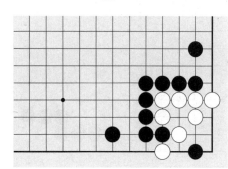

题 198

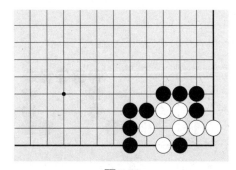

题 199

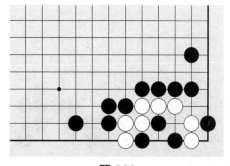

题 200

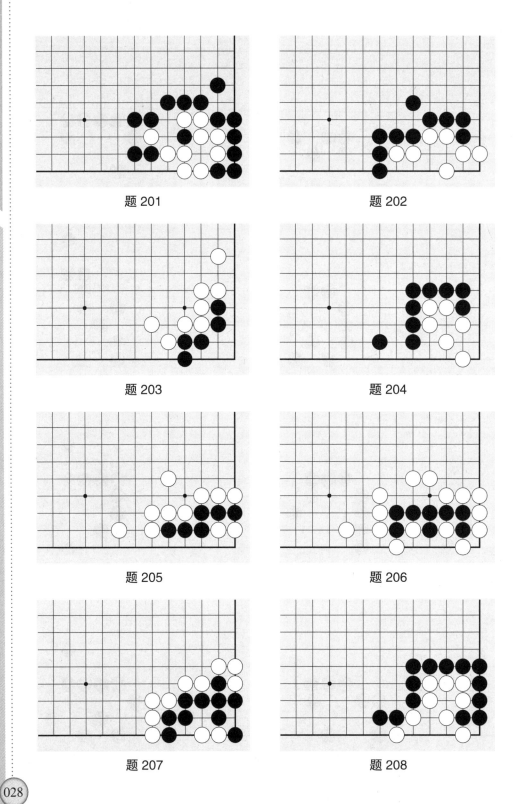

题 201

题 202

题 203

题 204

题 205

题 206

题 207

题 208

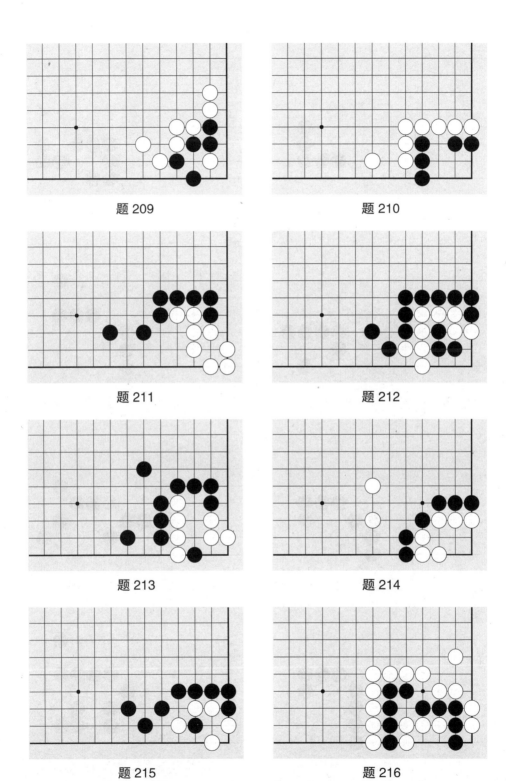

題 209

題 210

題 211

題 212

題 213

題 214

題 215

題 216

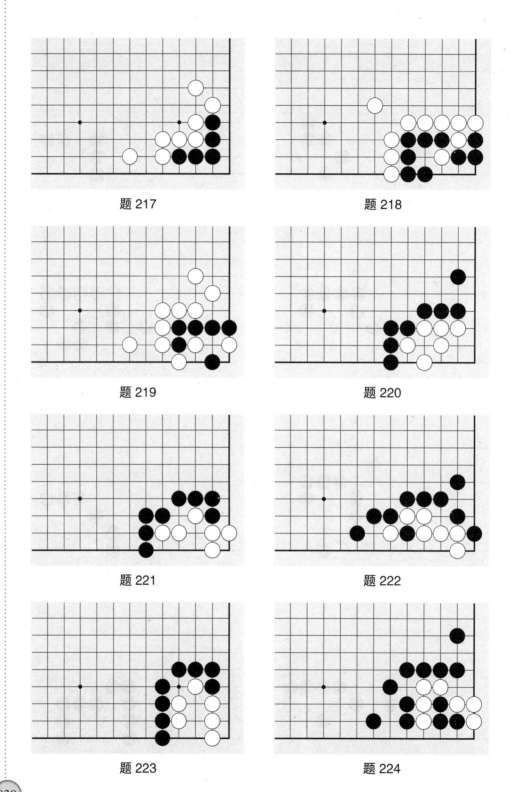

自测题

参考答案

题 217

题 218

题 219

题 220

题 221

题 222

题 223

题 224

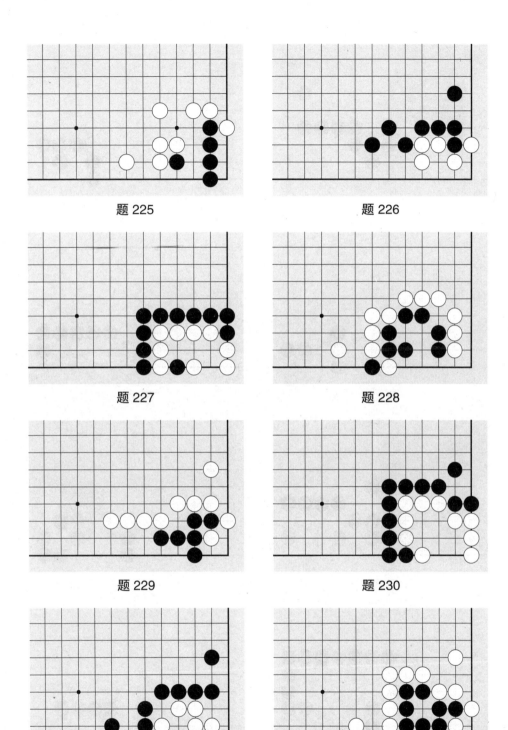

題 225

題 226

題 227

題 228

題 229

題 230

題 231

題 232

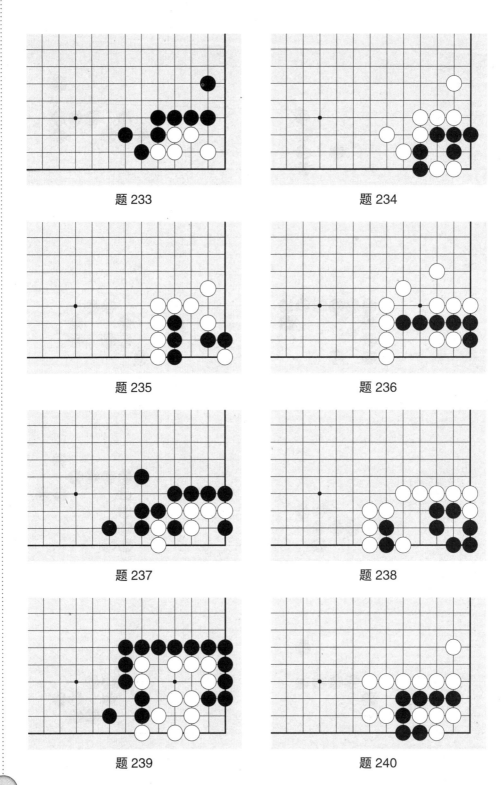

题 233

题 234

题 235

题 236

题 237

题 238

题 239

题 240

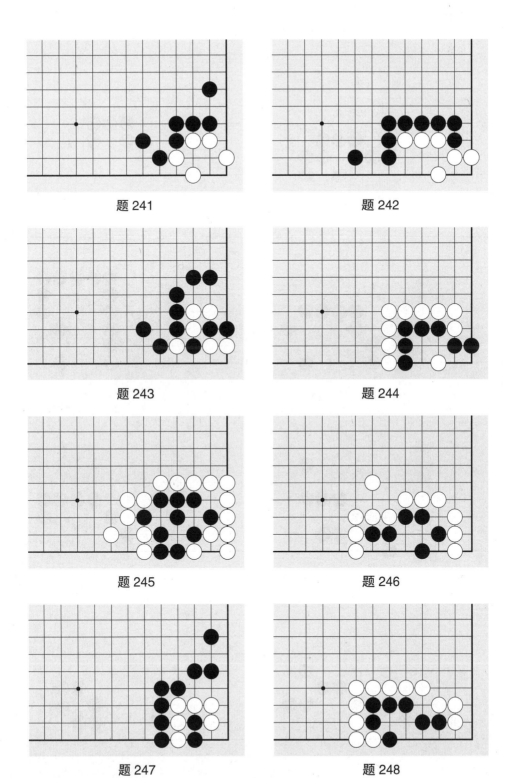

题 241

题 242

题 243

题 244

题 245

题 246

题 247

题 248

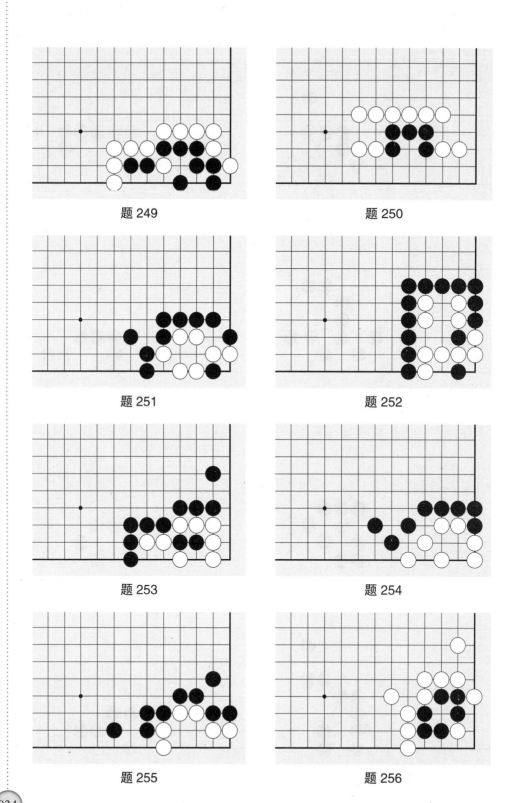

题 249

题 250

题 251

题 252

题 253

题 254

题 255

题 256

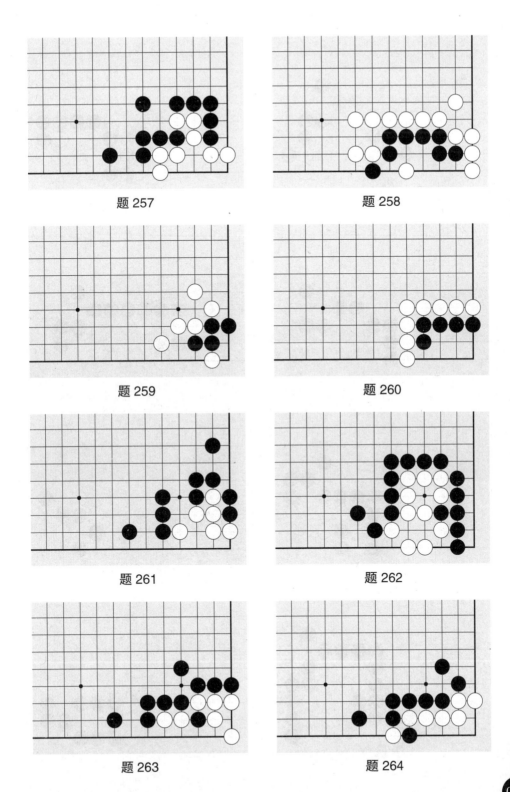

题 257

题 258

题 259

题 260

题 261

题 262

题 263

题 264

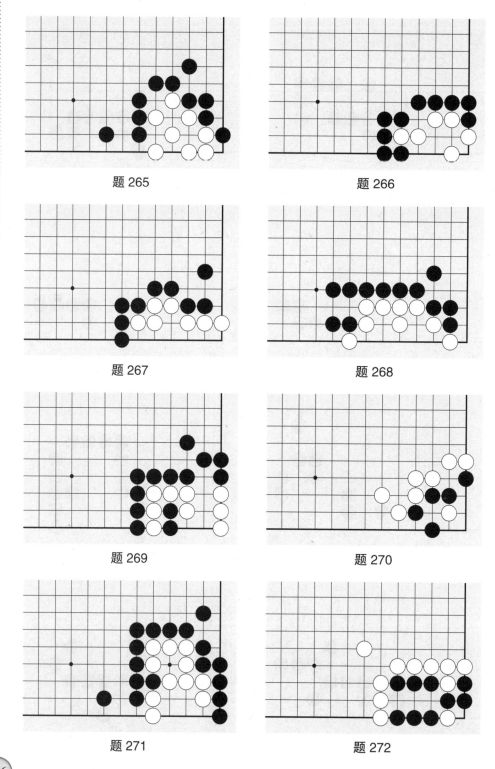

题 265

题 266

题 267

题 268

题 269

题 270

题 271

题 272

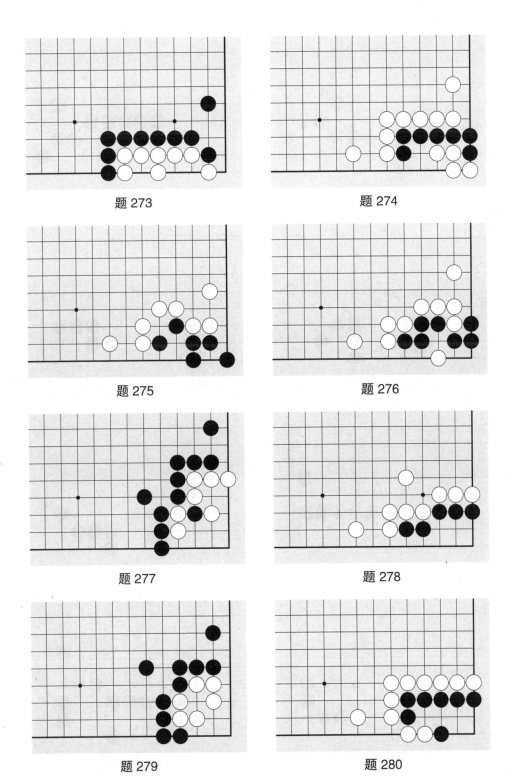

題 273

題 274

題 275

題 276

題 277

題 278

題 279

題 280

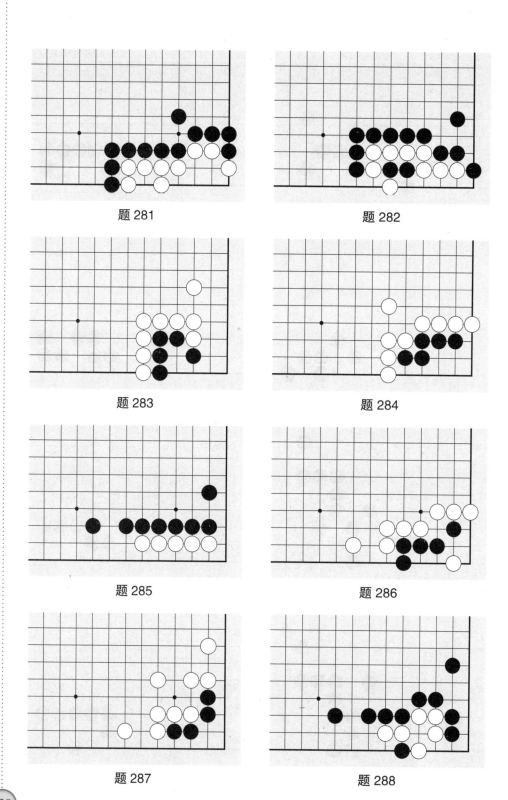

题 281

题 282

题 283

题 284

题 285

题 286

题 287

题 288

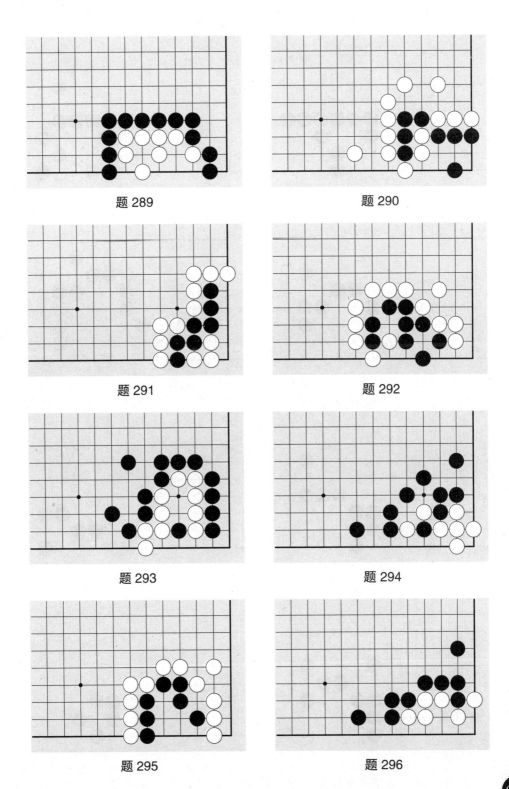

题 289

题 290

题 291

题 292

题 293

题 294

题 295

题 296

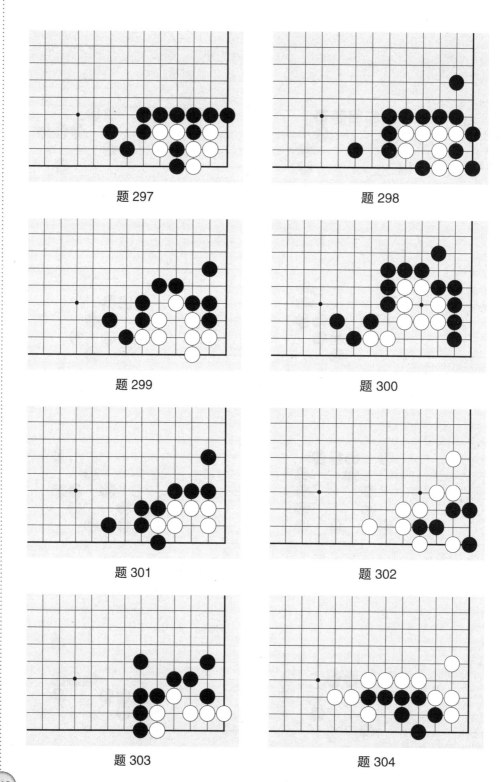

题 297

题 298

题 299

题 300

题 301

题 302

题 303

题 304

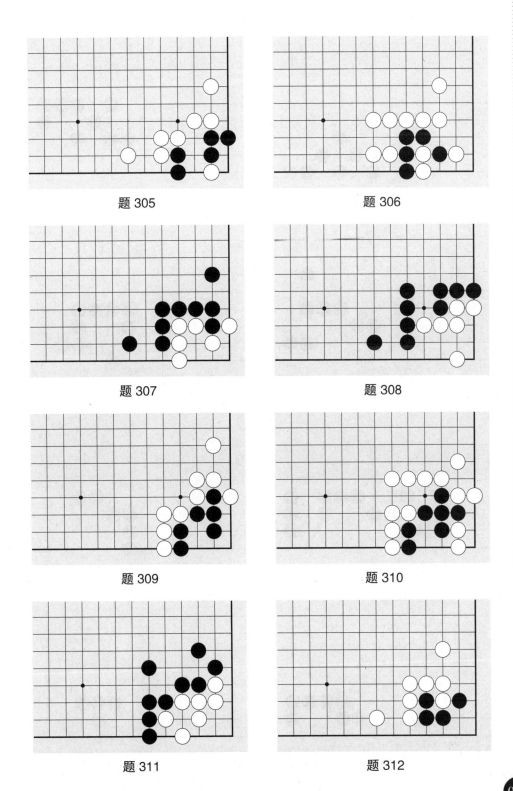

題 305

題 306

題 307

題 308

題 309

題 310

題 311

題 312

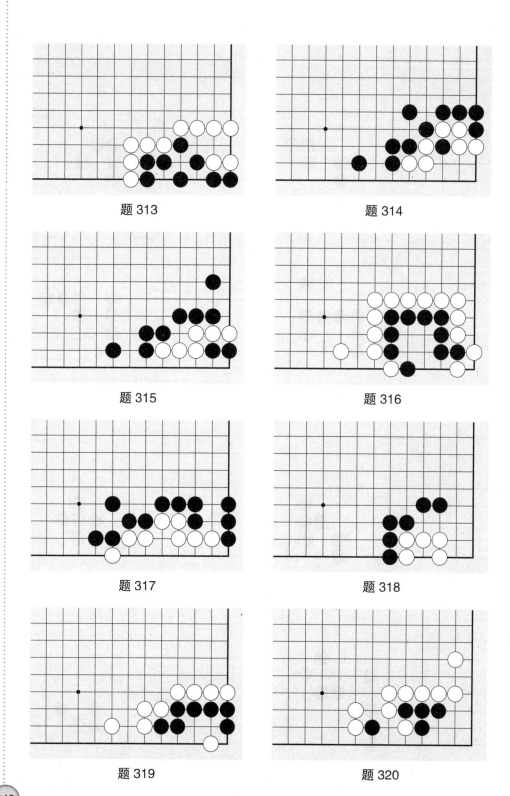

题 313

题 314

题 315

题 316

题 317

题 318

题 319

题 320

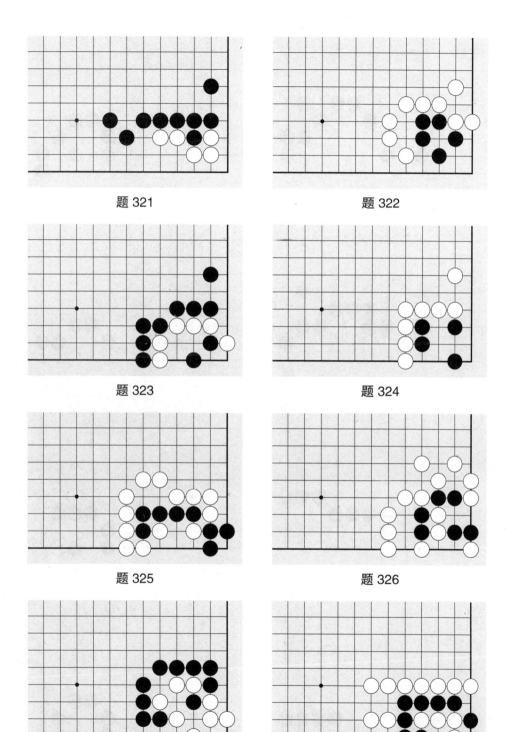

题 321

题 322

题 323

题 324

题 325

题 326

题 327

题 328

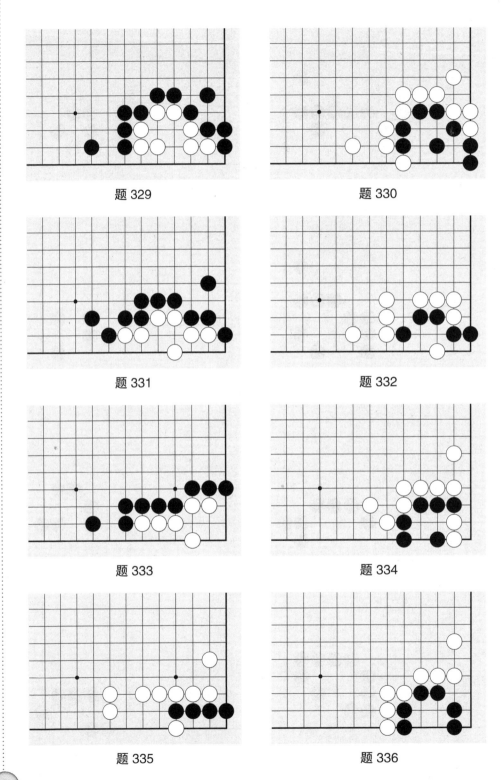

题 329

题 330

题 331

题 332

题 333

题 334

题 335

题 336

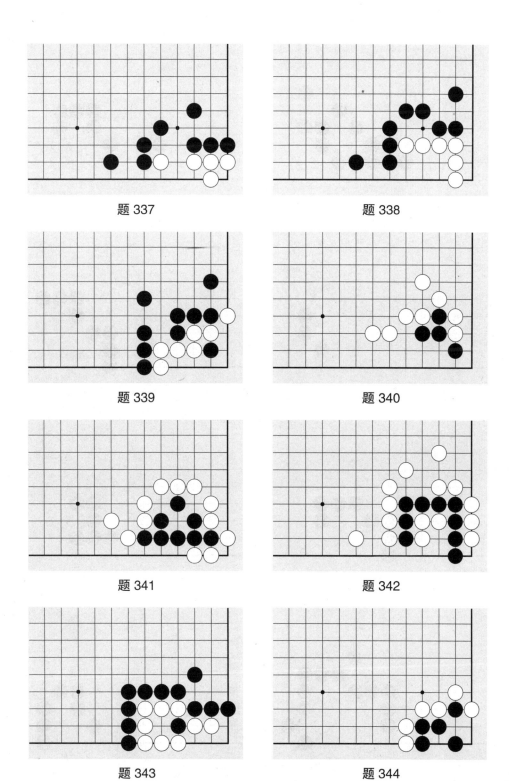

題 337

題 338

題 339

題 340

題 341

題 342

題 343

題 344

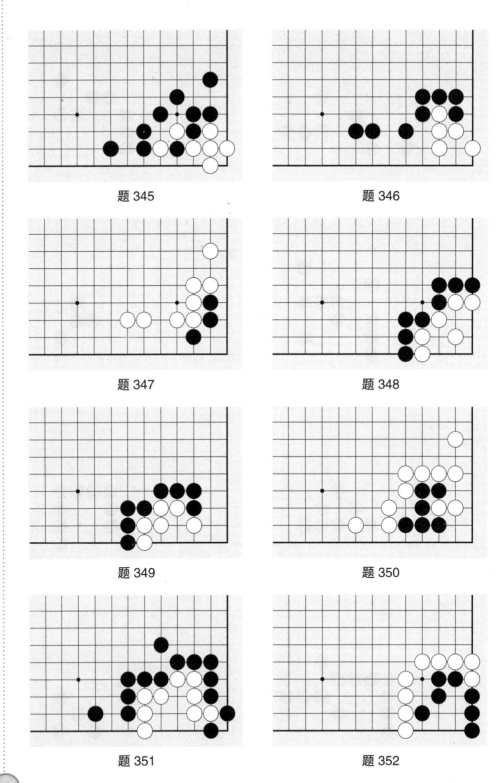

题 345

题 346

题 347

题 348

题 349

题 350

题 351

题 352

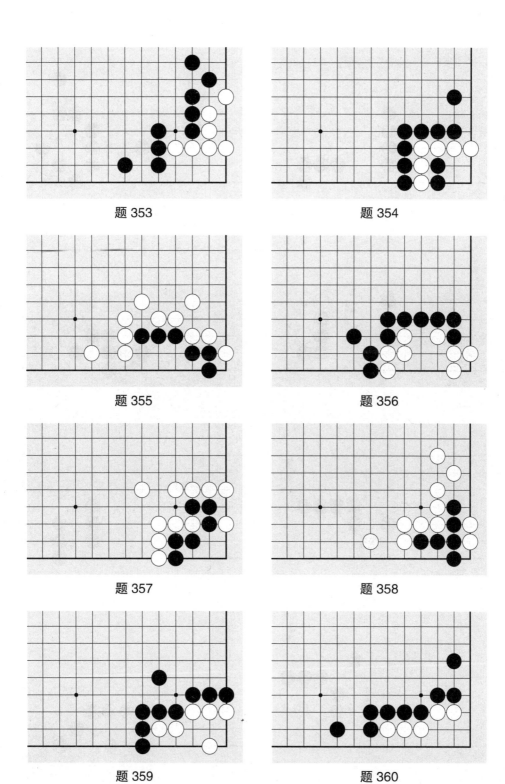

題 353

題 354

題 355

題 356

題 357

題 358

題 359

題 360

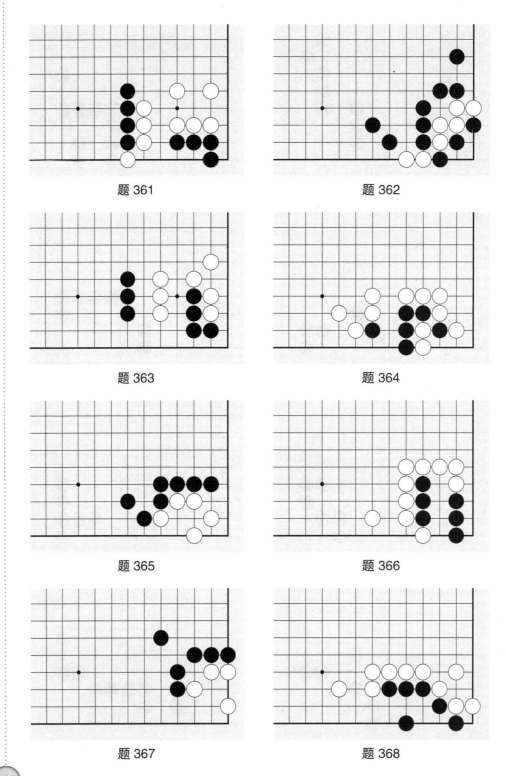

题 361

题 362

题 363

题 364

题 365

题 366

题 367

题 368

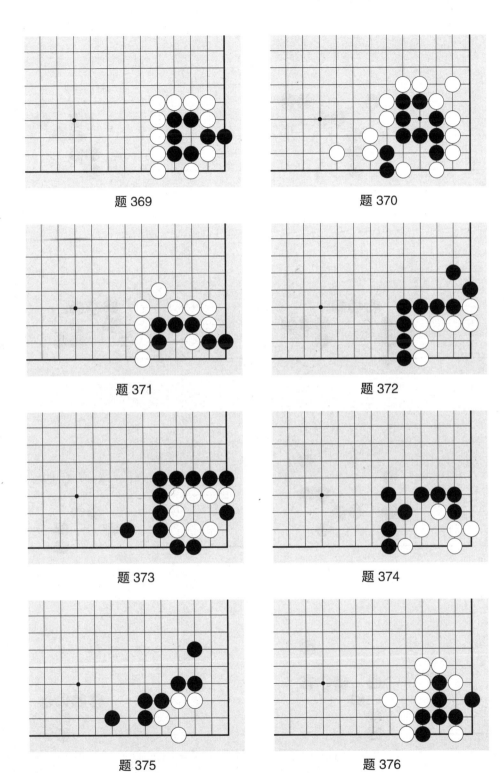

题 369

题 370

题 371

题 372

题 373

题 374

题 375

题 376

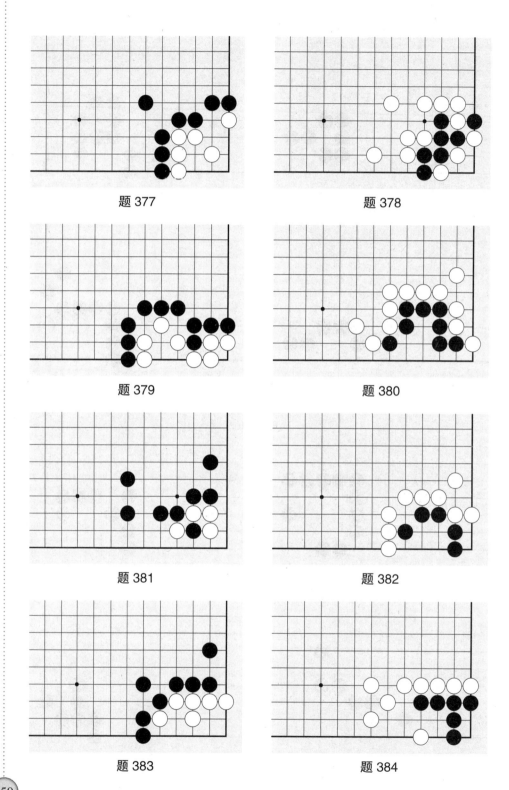

题 377

题 378

题 379

题 380

题 381

题 382

题 383

题 384

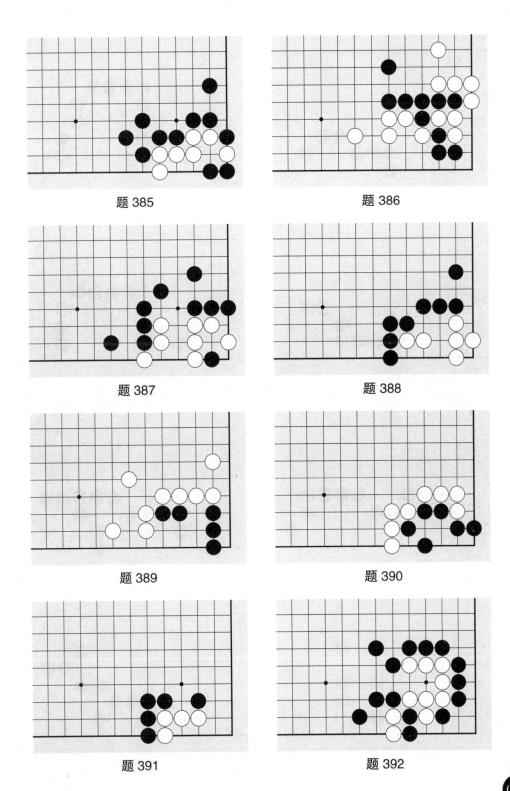

題 385

題 386

題 387

題 388

題 389

題 390

題 391

題 392

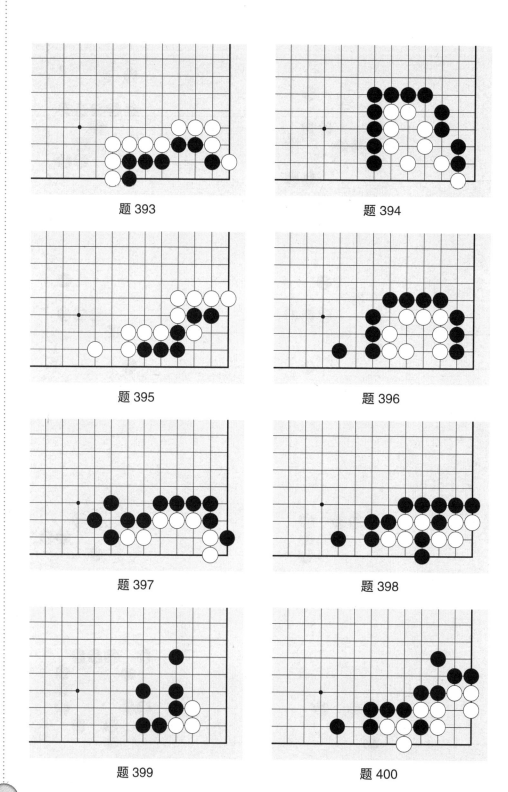

题 393

题 394

题 395

题 396

题 397

题 398

题 399

题 400

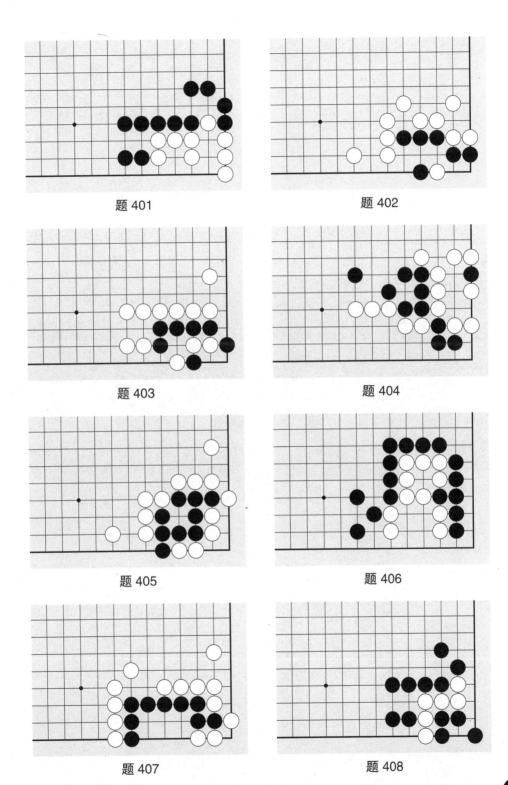

題 401

題 402

題 403

題 404

題 405

題 406

題 407

題 408

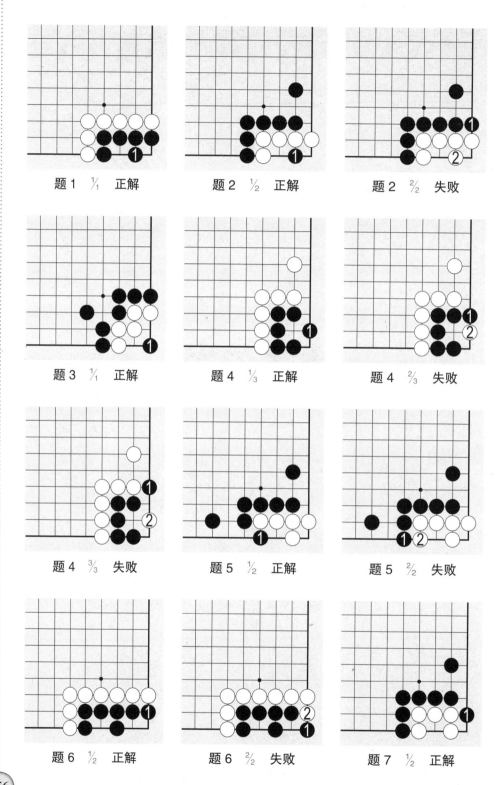

题1 1/1 正解　　　题2 1/2 正解　　　题2 2/2 失败

题3 1/1 正解　　　题4 1/3 正解　　　题4 2/3 失败

题4 3/3 失败　　　题5 1/2 正解　　　题5 2/2 失败

题6 1/2 正解　　　题6 2/2 失败　　　题7 1/2 正解

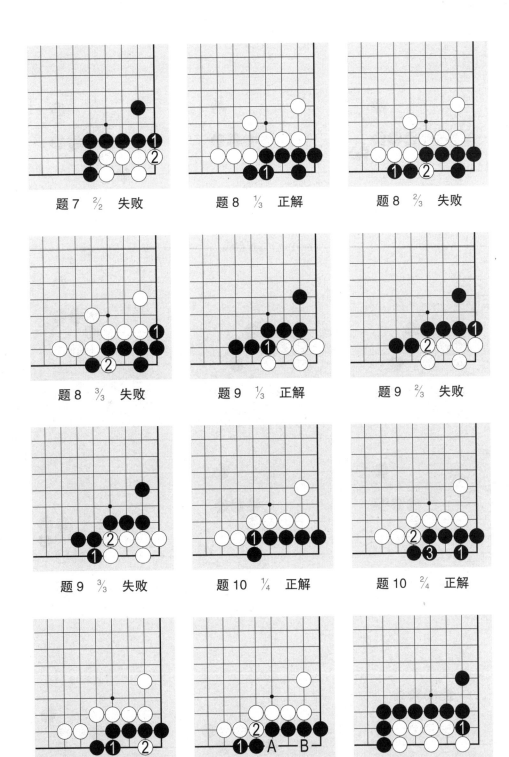

題7 ²⁄₂　失敗　　　　題8 ¹⁄₃　正解　　　　題8 ²⁄₃　失敗

題8 ³⁄₃　失敗　　　　題9 ¹⁄₃　正解　　　　題9 ²⁄₃　失敗

題9 ³⁄₃　失敗　　　　題10 ¹⁄₄　正解　　　　題10 ²⁄₄　正解

題10 ³⁄₄　失敗　　　　題10 ⁴⁄₄　失敗　　　　題11 ¹⁄₂　正解

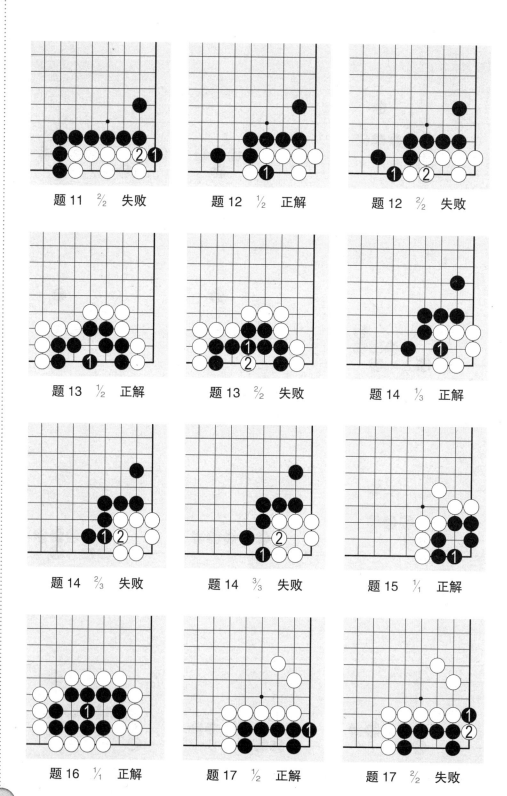

题11 ²⁄₂ 失败　　　　题12 ¹⁄₂ 正解　　　　题12 ²⁄₂ 失败

题13 ¹⁄₂ 正解　　　　题13 ²⁄₂ 失败　　　　题14 ¹⁄₃ 正解

题14 ²⁄₃ 失败　　　　题14 ³⁄₃ 失败　　　　题15 ¹⁄₁ 正解

题16 ¹⁄₁ 正解　　　　题17 ¹⁄₂ 正解　　　　题17 ²⁄₂ 失败

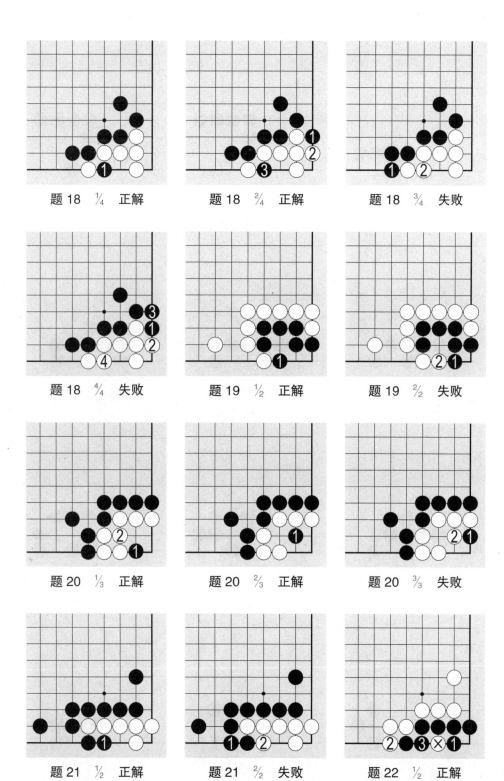

題18 ¼ 正解　　題18 ²⁄₄ 正解　　題18 ¾ 失败

題18 ⁴⁄₄ 失败　　題19 ½ 正解　　題19 ²⁄₂ 失败

題20 ⅓ 正解　　題20 ⅔ 正解　　題20 ¾ 失败

題21 ½ 正解　　題21 ²⁄₂ 失败　　題22 ½ 正解

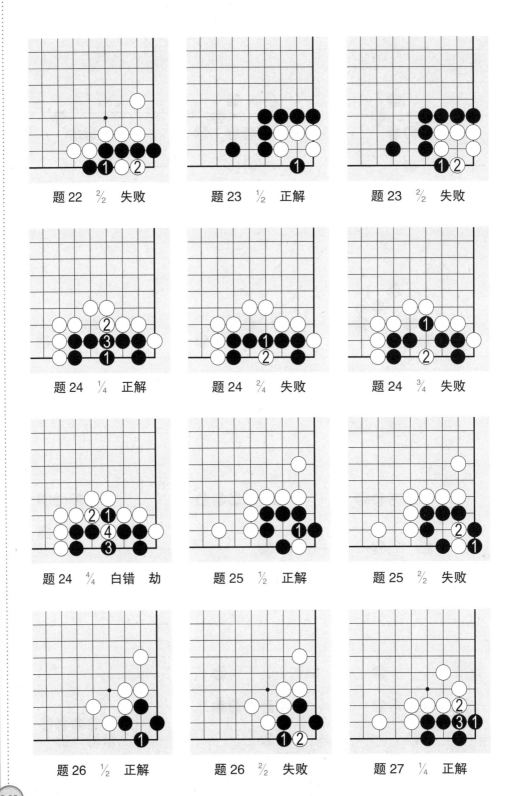

题22 ²⁄₂ 失败　　　题23 ¹⁄₂ 正解　　　题23 ²⁄₂ 失败

题24 ¹⁄₄ 正解　　　题24 ²⁄₄ 失败　　　题24 ³⁄₄ 失败

题24 ⁴⁄₄ 白错 劫　　题25 ¹⁄₂ 正解　　　题25 ²⁄₂ 失败

题26 ¹⁄₂ 正解　　　题26 ²⁄₂ 失败　　　题27 ¹⁄₄ 正解

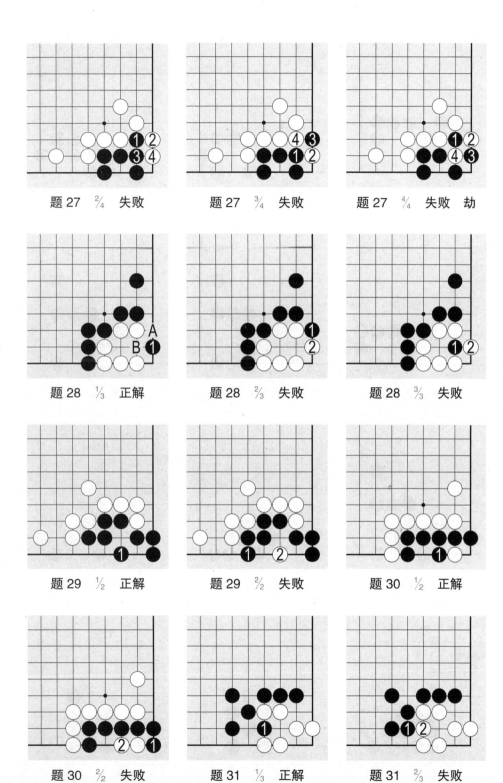

题 27 ²⁄₄ 失败　　　题 27 ³⁄₄ 失败　　　题 27 ⁴⁄₄ 失败 劫

题 28 ¹⁄₃ 正解　　　题 28 ²⁄₃ 失败　　　题 28 ³⁄₃ 失败

题 29 ¹⁄₂ 正解　　　题 29 ²⁄₂ 失败　　　题 30 ¹⁄₂ 正解

题 30 ²⁄₂ 失败　　　题 31 ¹⁄₃ 正解　　　题 31 ²⁄₃ 失败

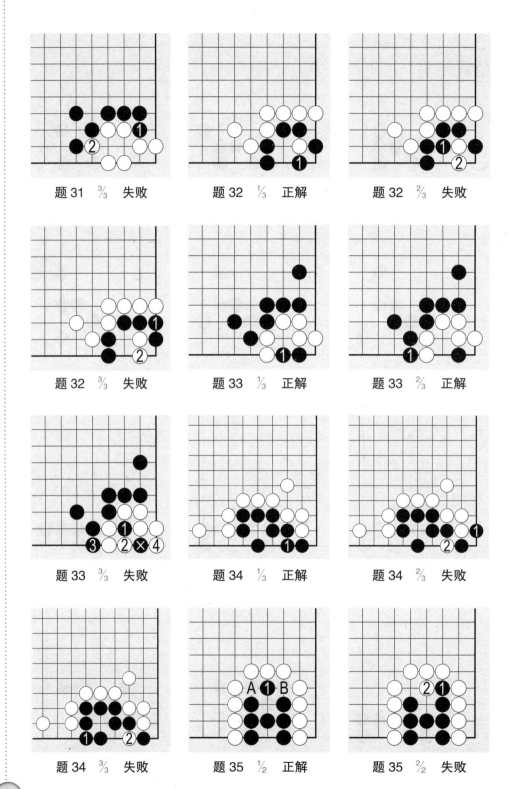

题31 ³⁄₃ 失败　　　题32 ¹⁄₃ 正解　　　题32 ²⁄₃ 失败

题32 ³⁄₃ 失败　　　题33 ¹⁄₃ 正解　　　题33 ²⁄₃ 正解

题33 ³⁄₃ 失败　　　题34 ¹⁄₃ 正解　　　题34 ²⁄₃ 失败

题34 ³⁄₃ 失败　　　题35 ¹⁄₂ 正解　　　题35 ²⁄₂ 失败

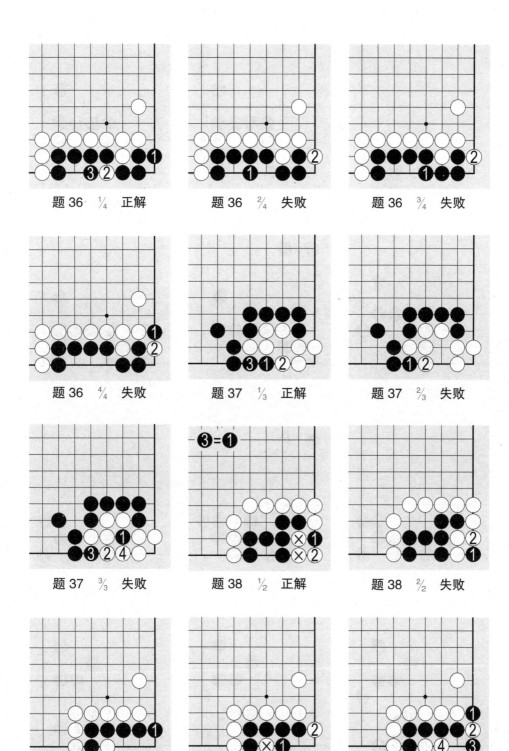

题36 ¼ 正解　　　题36 ²⁄₄ 失败　　　题36 ³⁄₄ 失败

题36 ⁴⁄₄ 失败　　　题37 ⅓ 正解　　　题37 ⅔ 失败

题37 ³⁄₃ 失败　　　题38 ½ 正解　　　题38 ²⁄₂ 失败

题39 ¼ 正解　　　题39 ²⁄₄ 失败　　　题39 ³⁄₄ 失败

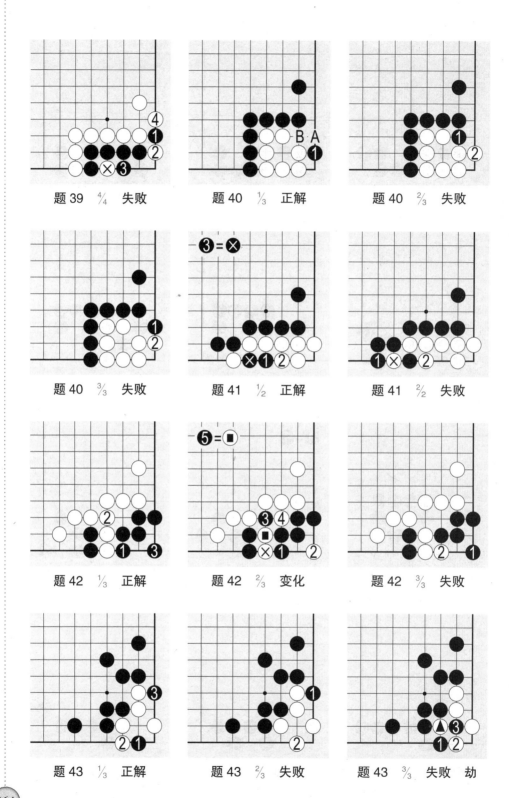

题39　⁴⁄₄　失败　　　　题40　¹⁄₃　正解　　　　题40　²⁄₃　失败

题40　³⁄₃　失败　　　　题41　¹⁄₂　正解　　　　题41　²⁄₂　失败

③＝⊗

题42　¹⁄₃　正解　　　　题42　²⁄₃　变化　　　　题42　³⁄₃　失败

⑤＝▣

题43　¹⁄₃　正解　　　　题43　²⁄₃　失败　　　　题43　³⁄₃　失败　劫

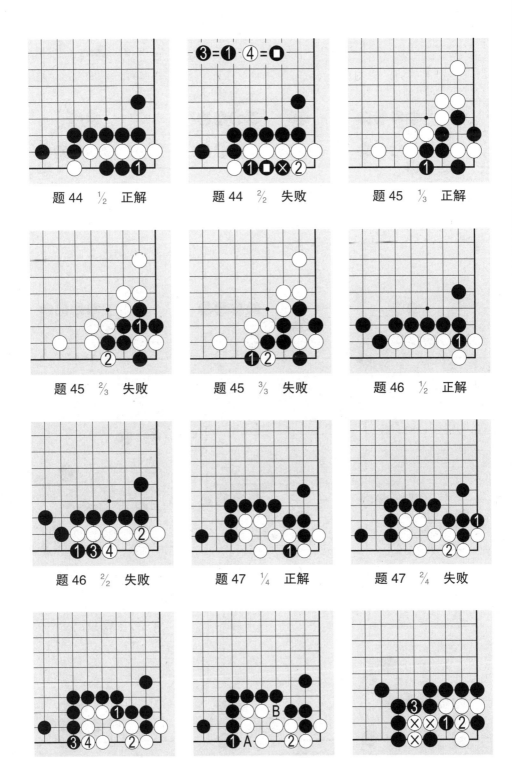

題 44　½　正解　　　　題 44　2/2　失敗　　　　題 45　⅓　正解

③=❶　④=◻

題 45　2/3　失敗　　　　題 45　3/3　失敗　　　　題 46　½　正解

題 46　2/2　失敗　　　　題 47　¼　正解　　　　題 47　2/4　失敗

題 47　¾　失敗　　　　題 47　4/4　失敗　　　　題 48　⅓　正解

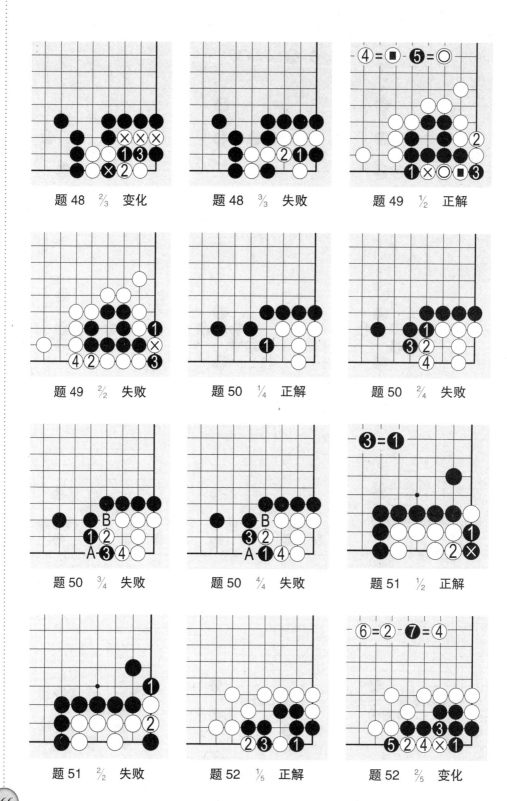

题48 ²⁄₃ 变化　　　　题48 ³⁄₃ 失败　　　　题49 ½ 正解

题49 ²⁄₂ 失败　　　　题50 ¼ 正解　　　　题50 ²⁄₄ 失败

题50 ³⁄₄ 失败　　　　题50 ⁴⁄₄ 失败　　　　题51 ½ 正解

题51 ²⁄₂ 失败　　　　题52 ⅕ 正解　　　　题52 ²⁄₅ 变化

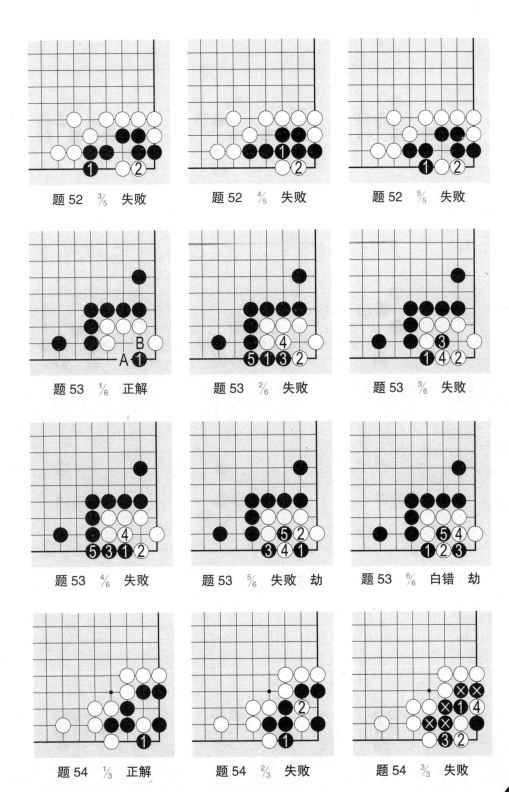

题52 ³⁄₅ 失败　　题52 ⁴⁄₅ 失败　　题52 ⁵⁄₅ 失败

题53 ¹⁄₆ 正解　　题53 ²⁄₆ 失败　　题53 ³⁄₆ 失败

题53 ⁴⁄₆ 失败　　题53 ⁵⁄₆ 失败 劫　　题53 ⁶⁄₆ 白错 劫

题54 ¹⁄₃ 正解　　题54 ²⁄₃ 失败　　题54 ³⁄₃ 失败

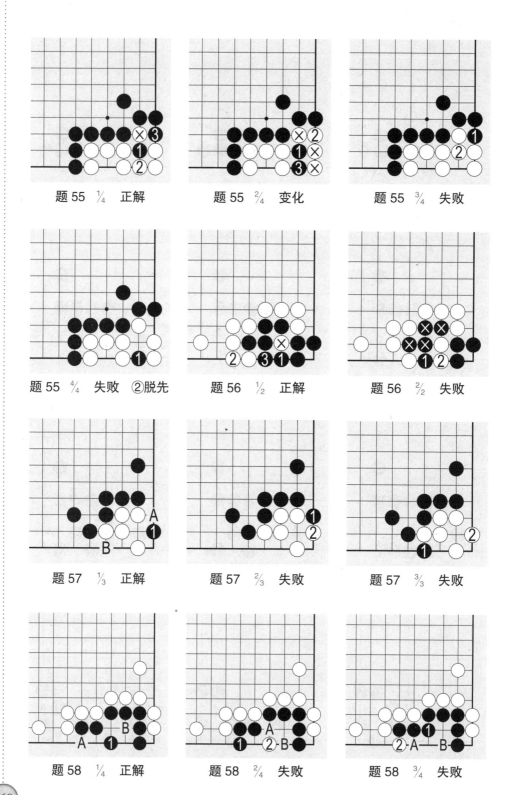

题55 ¼ 正解　　　题55 ²⁄₄ 变化　　　题55 ³⁄₄ 失败

题55 ⁴⁄₄ 失败 ②脱先　　题56 ½ 正解　　　题56 ²⁄₂ 失败

题57 ⅓ 正解　　　题57 ²⁄₃ 失败　　　题57 ³⁄₃ 失败

题58 ¼ 正解　　　题58 ²⁄₄ 失败　　　题58 ³⁄₄ 失败

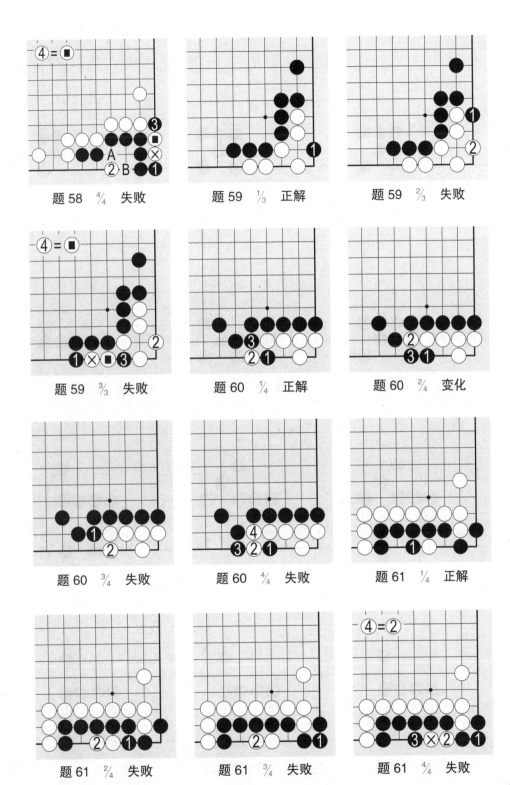

题 58　⁴⁄₄　失败　　　　题 59　¹⁄₃　正解　　　　题 59　²⁄₃　失败

题 59　³⁄₃　失败　　　　题 60　¹⁄₄　正解　　　　题 60　²⁄₄　变化

题 60　³⁄₄　失败　　　　题 60　⁴⁄₄　失败　　　　题 61　¹⁄₄　正解

题 61　²⁄₄　失败　　　　题 61　³⁄₄　失败　　　　题 61　⁴⁄₄　失败

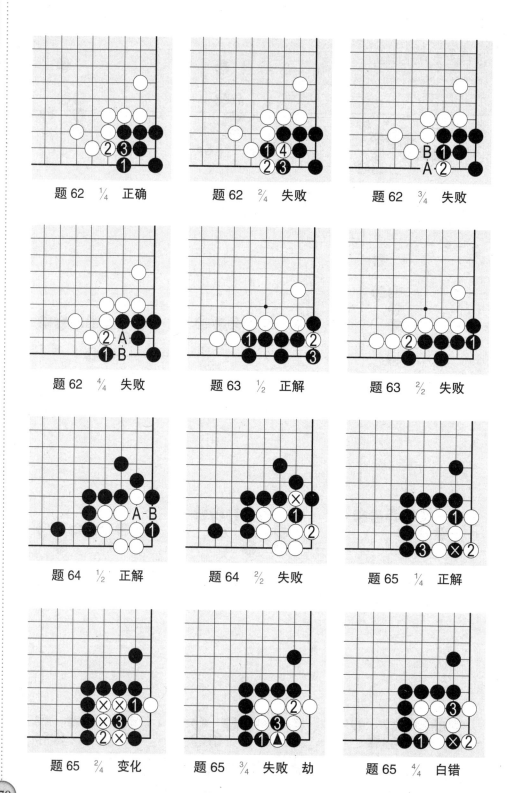

题62 ¼ 正确　　　题62 ²⁄₄ 失败　　　题62 ³⁄₄ 失败

题62 ⁴⁄₄ 失败　　　题63 ½ 正解　　　题63 ²⁄₂ 失败

题64 ½ 正解　　　题64 ²⁄₂ 失败　　　题65 ¼ 正解

题65 ²⁄₄ 变化　　　题65 ³⁄₄ 失败 劫　　　题65 ⁴⁄₄ 白错

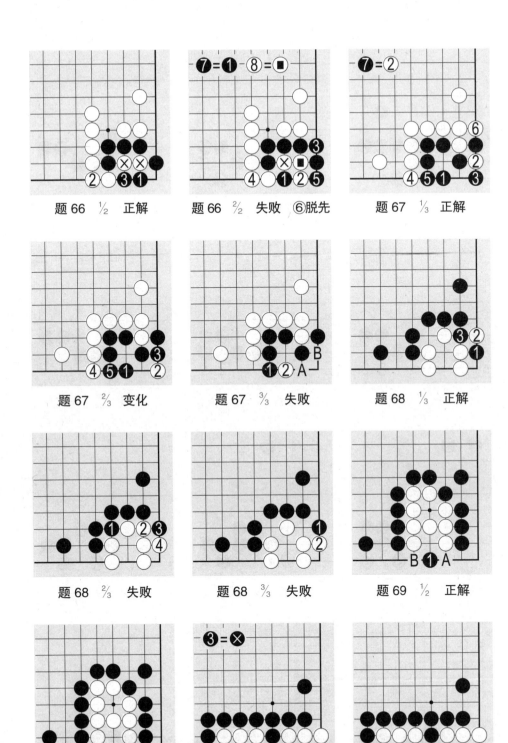

題 66 ½ 正解　　　題 66 ²⁄₂ 失敗　⑥脱先　　　題 67 ⅓ 正解

題 67 ²⁄₃ 変化　　　題 67 ⅓ 失敗　　　題 68 ⅓ 正解

題 68 ²⁄₃ 失敗　　　題 68 ⅓ 失敗　　　題 69 ½ 正解

題 69 ²⁄₂ 失敗　　　題 70 ⅓ 正解　　　題 70 ²⁄₃ 失敗

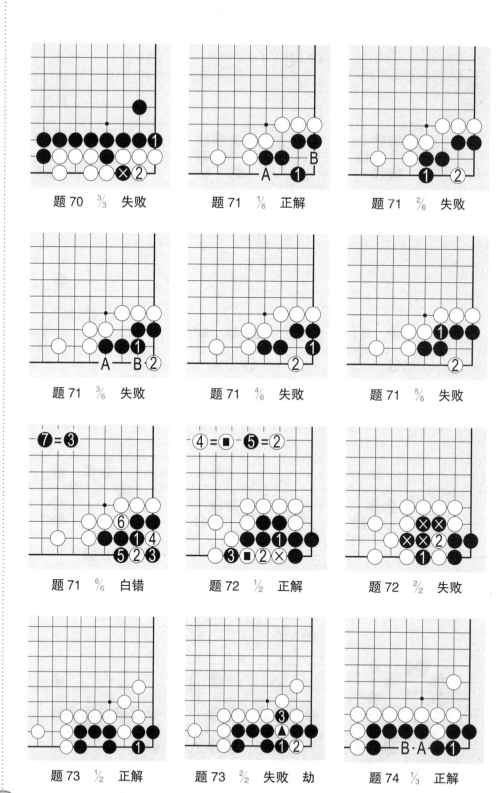

题70 ③/₃ 失败　　题71 ¹/₆ 正解　　题71 ²/₆ 失败

题71 ³/₆ 失败　　题71 ⁴/₆ 失败　　题71 ⁵/₆ 失败

题71 ⁶/₆ 白错　　题72 ¹/₂ 正解　　题72 ²/₂ 失败

题73 ¹/₂ 正解　　题73 ²/₂ 失败 劫　　题74 ¹/₃ 正解

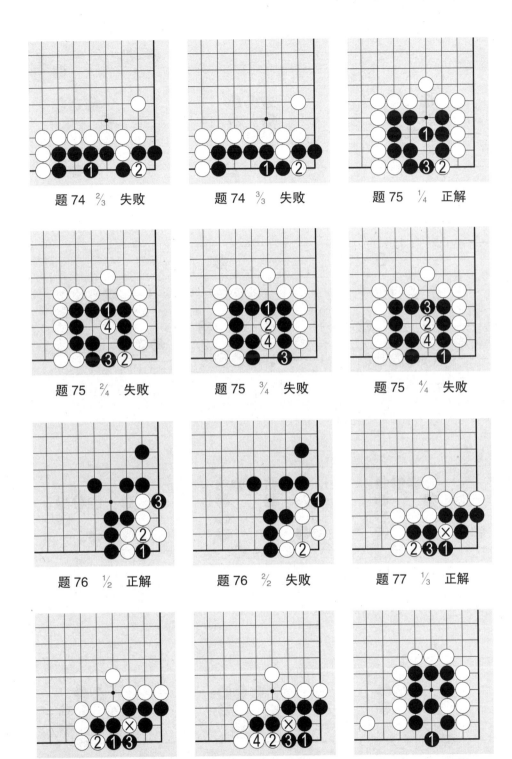

题 74 ²⁄₃　失败　　　　题 74 ³⁄₃　失败　　　　题 75 ¹⁄₄　正解

题 75 ²⁄₄　失败　　　　题 75 ³⁄₄　失败　　　　题 75 ⁴⁄₄　失败

题 76 ¹⁄₂　正解　　　　题 76 ²⁄₂　失败　　　　题 77 ¹⁄₃　正解

题 77 ²⁄₃　正解　　　　题 77 ³⁄₃　失败　　　　题 78 ¹⁄₃　正解

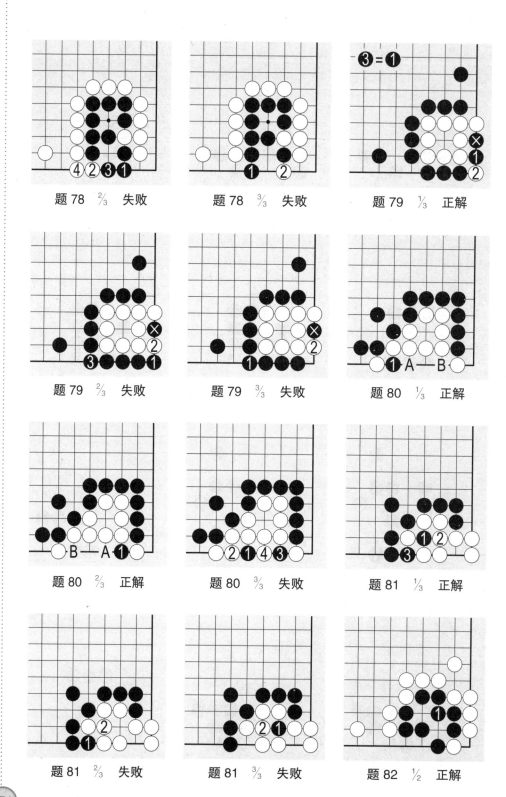

题78 ²⁄₃ 失败　　　　题78 ³⁄₃ 失败　　　　题79 ¹⁄₃ 正解

题79 ²⁄₃ 失败　　　　题79 ³⁄₃ 失败　　　　题80 ¹⁄₃ 正解

题80 ²⁄₃ 正解　　　　题80 ³⁄₃ 失败　　　　题81 ¹⁄₃ 正解

题81 ²⁄₃ 失败　　　　题81 ³⁄₃ 失败　　　　题82 ¹⁄₂ 正解

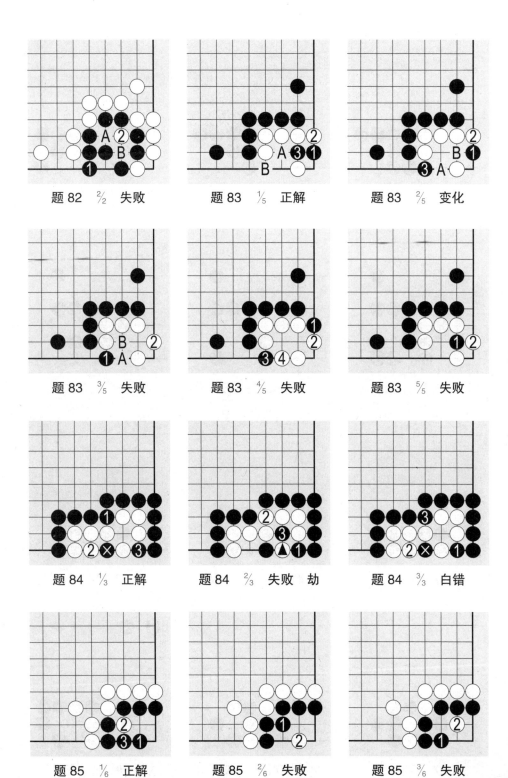

題 82　²⁄₂　失败　　　題 83　¹⁄₅　正解　　　題 83　²⁄₅　变化

題 83　³⁄₅　失败　　　題 83　⁴⁄₅　失败　　　題 83　⁵⁄₅　失败

題 84　¹⁄₃　正解　　　題 84　²⁄₃　失败　劫　　　題 84　³⁄₃　白错

題 85　¹⁄₆　正解　　　題 85　²⁄₆　失败　　　題 85　³⁄₆　失败

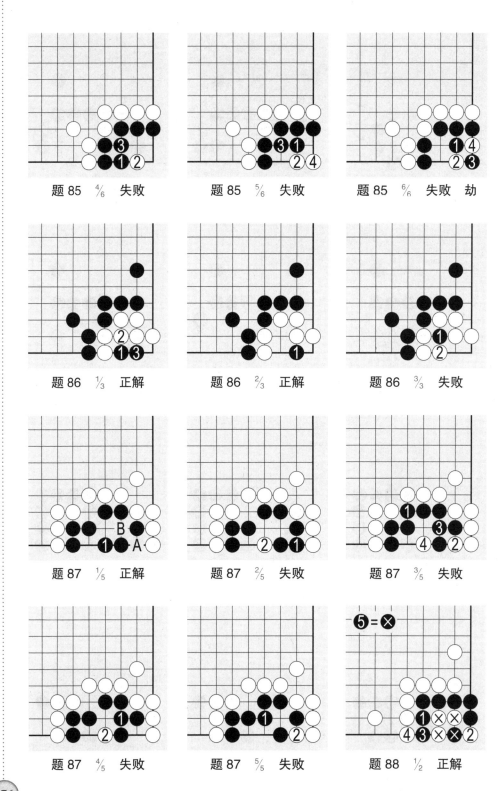

題85 4/6 失敗

題85 5/6 失敗

題85 6/6 失敗 劫

題86 1/3 正解

題86 2/3 正解

題86 3/3 失敗

題87 1/5 正解

題87 2/5 失敗

題87 3/5 失敗

題87 4/5 失敗

題87 5/5 失敗

題88 1/2 正解

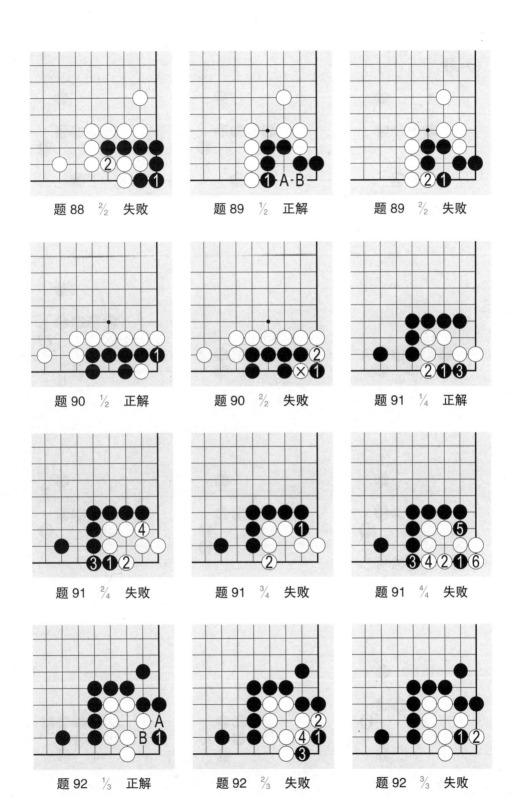

題 88 ²/₂ 失败　　題 89 ½ 正解　　題 89 ²/₂ 失败

題 90 ½ 正解　　題 90 ²/₂ 失败　　題 91 ¼ 正解

題 91 ²/₄ 失败　　題 91 ³/₄ 失败　　題 91 ⁴/₄ 失败

題 92 ⅓ 正解　　題 92 ⅔ 失败　　題 92 ³/₃ 失败

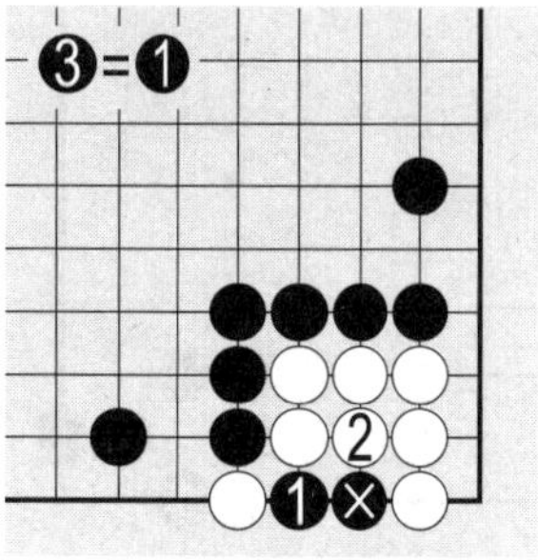

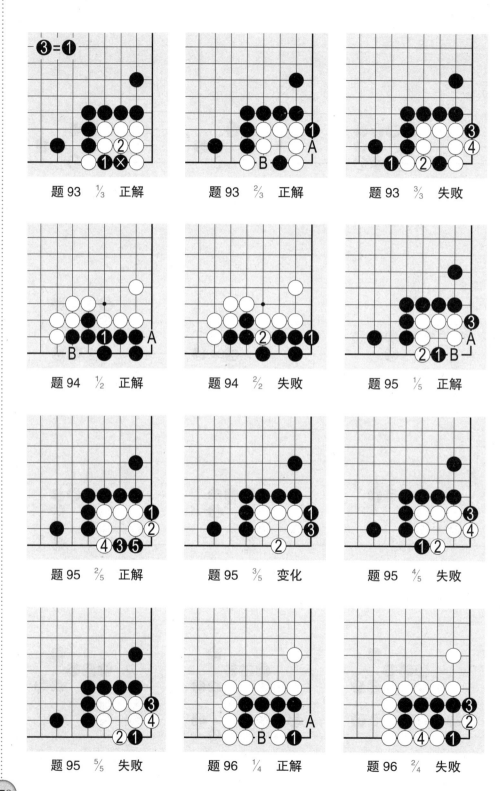

题 93 1/3 正解

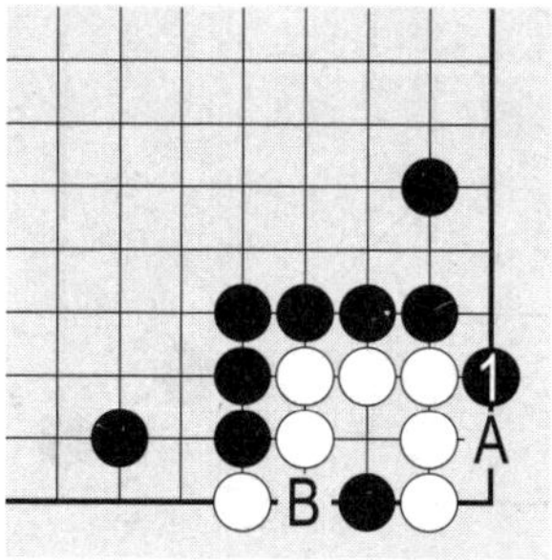

题 93 2/3 正解

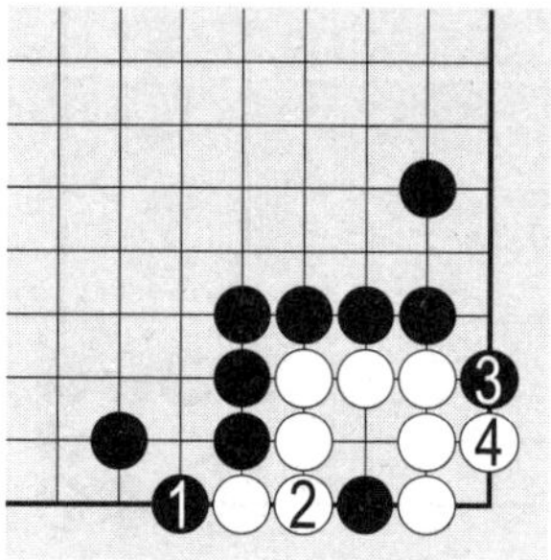

题 93 3/3 失败

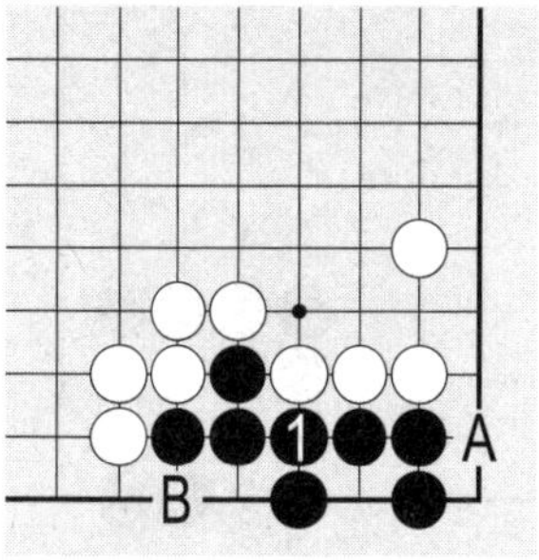

题 94 1/2 正解

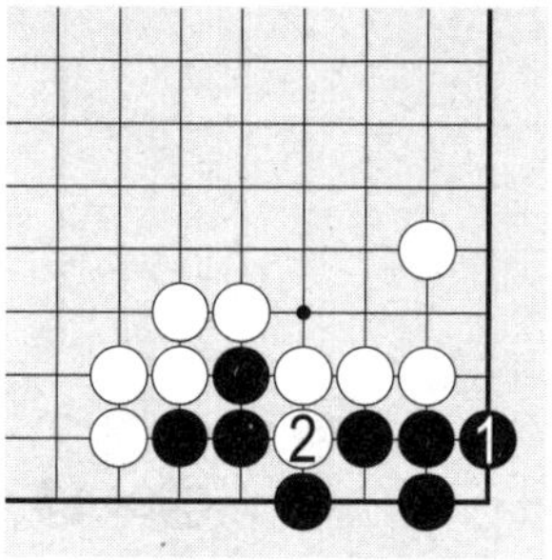

题 94 2/2 失败

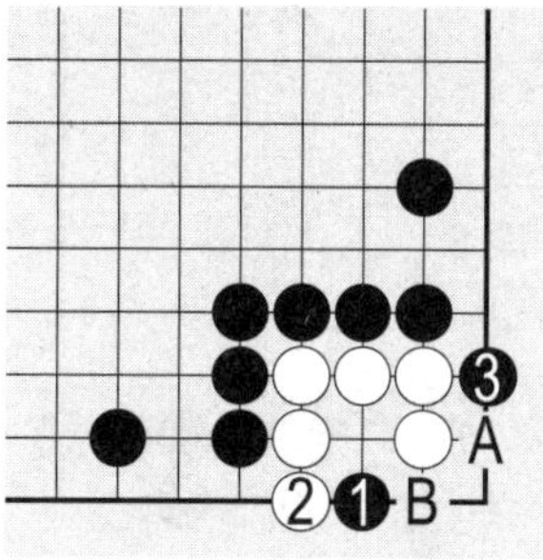

题 95 1/5 正解

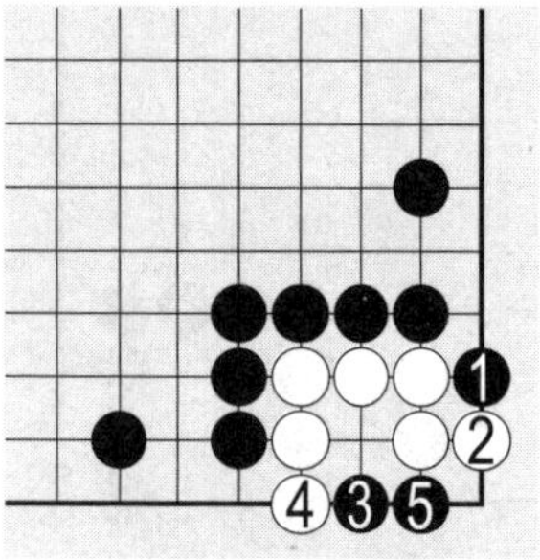

题 95 2/5 正解

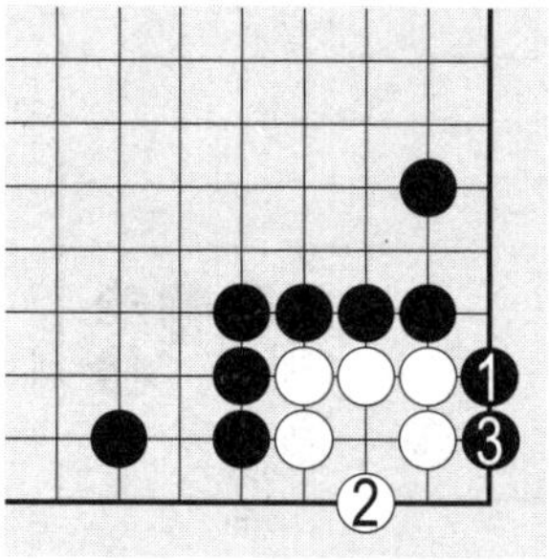

题 95 3/5 变化

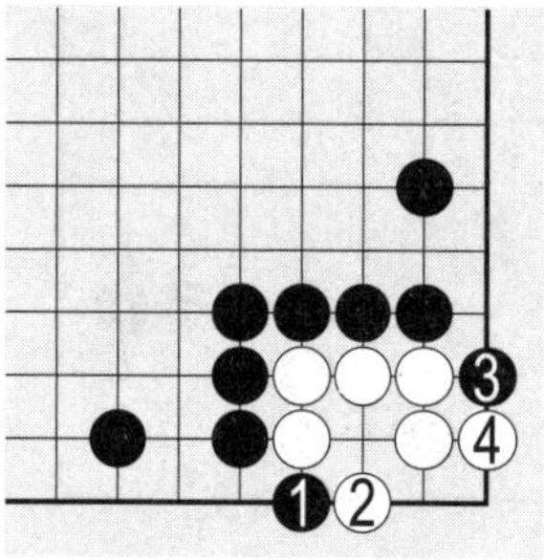

题 95 4/5 失败

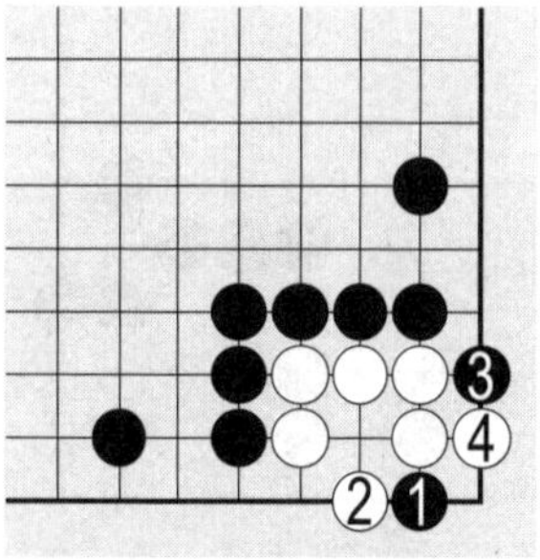

题 95 5/5 失败

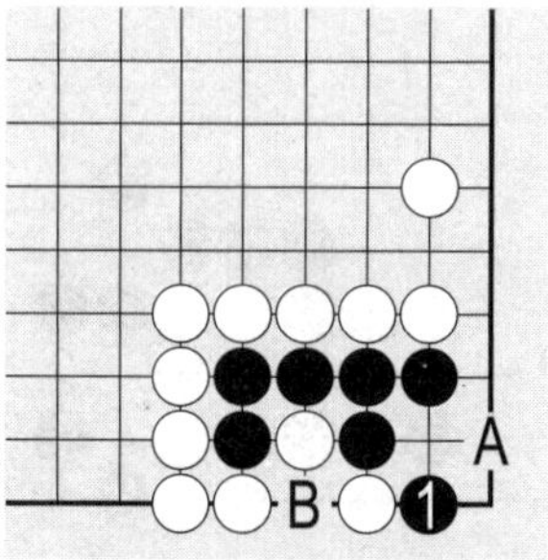

题 96 1/4 正解

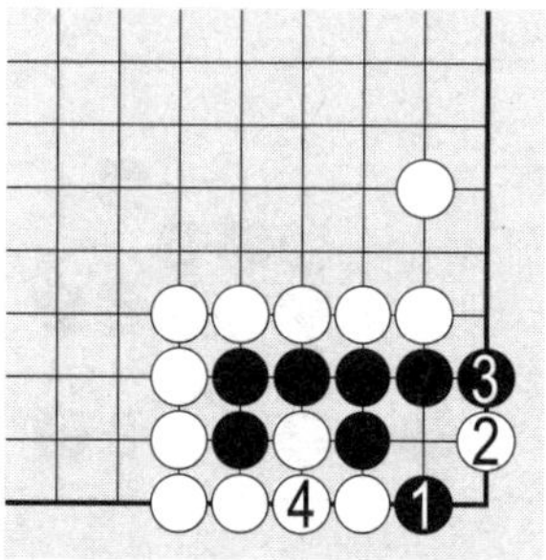

题 96 2/4 失败

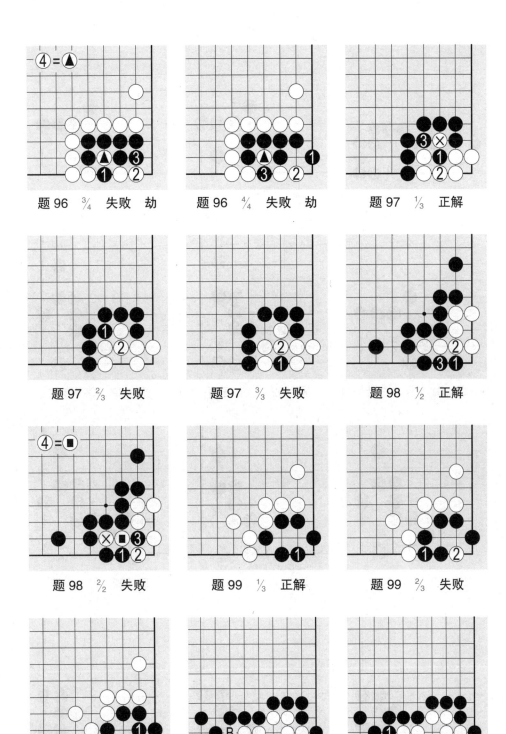

④=▲

题96 ³⁄₄ 失败 劫

题96 ⁴⁄₄ 失败 劫

题97 ⅓ 正解

题97 ²⁄₃ 失败

题97 ³⁄₃ 失败

题98 ½ 正解

④=■

题98 ²⁄₂ 失败

题99 ⅓ 正解

题99 ²⁄₃ 失败

题99 ³⁄₃ 失败

题100 ⅓ 正解

题100 ²⁄₃ 失败

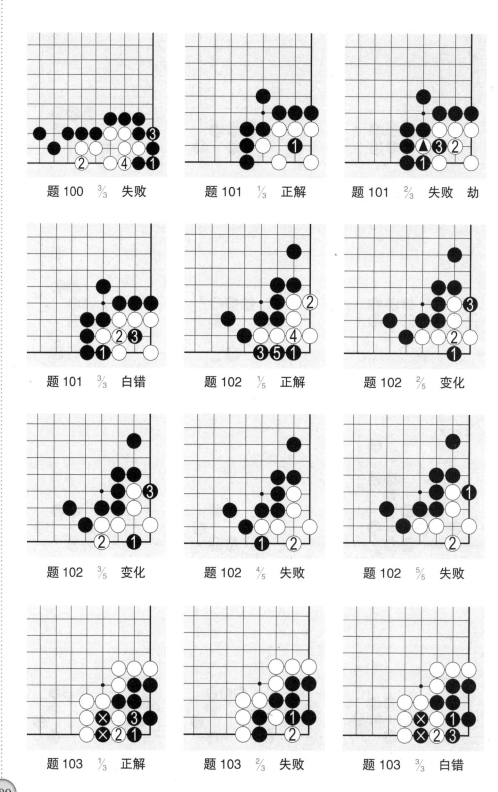

题100 ³⁄₃ 失败　　　　题101 ¹⁄₃ 正解　　　　题101 ²⁄₃ 失败　劫

题101 ³⁄₃ 白错　　　　题102 ¹⁄₅ 正解　　　　题102 ²⁄₅ 变化

题102 ³⁄₅ 变化　　　　题102 ⁴⁄₅ 失败　　　　题102 ⁵⁄₅ 失败

题103 ¹⁄₃ 正解　　　　题103 ²⁄₃ 失败　　　　题103 ³⁄₃ 白错

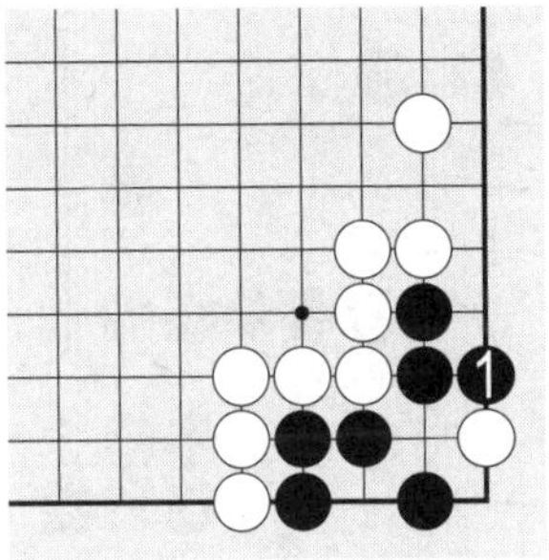

题 104 1/5 正解

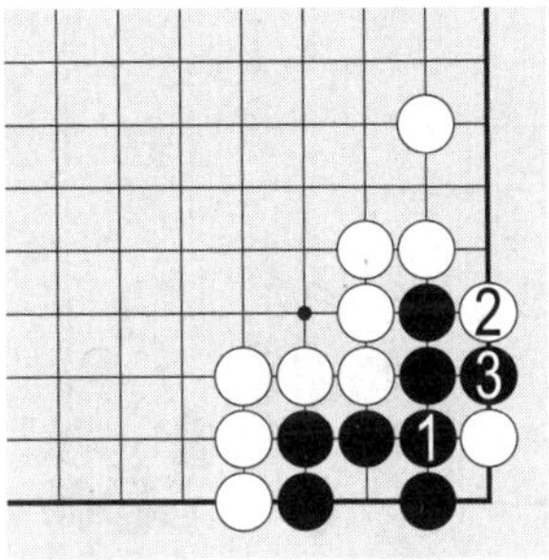

题 104 2/5 正解

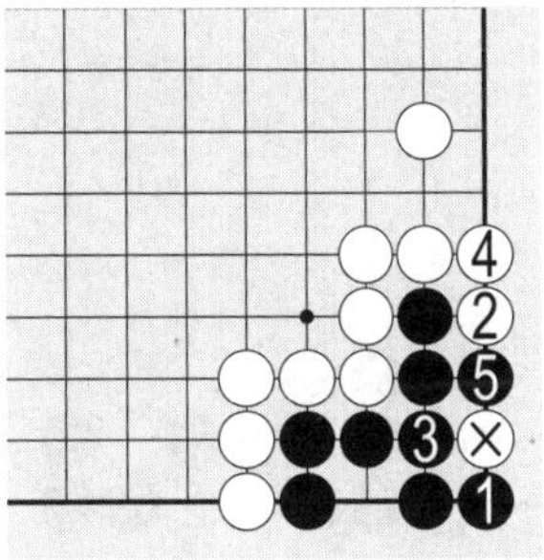

题 104 3/5 正解

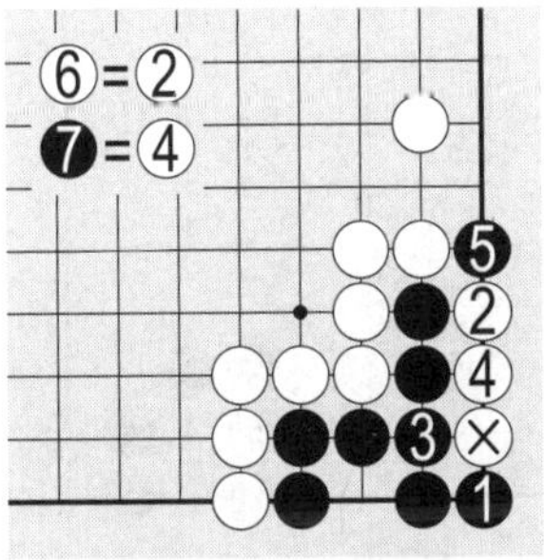

题 104 4/5 变化

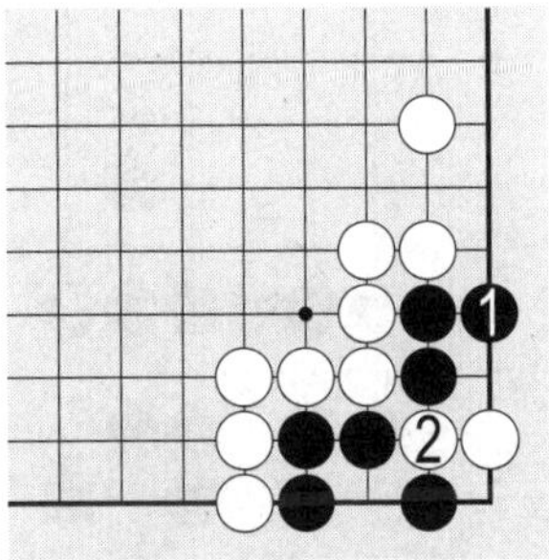

题 104 5/5 失败

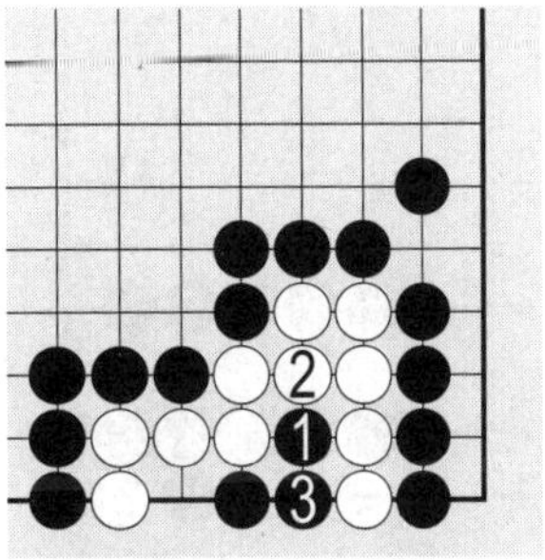

题 105 1/2 正解

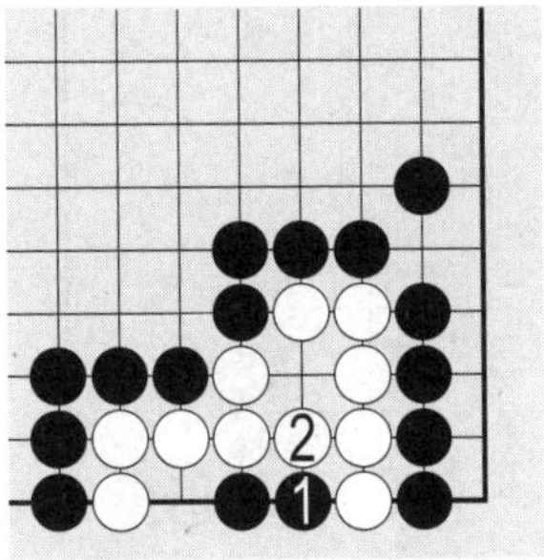

题 105 2/2 失败

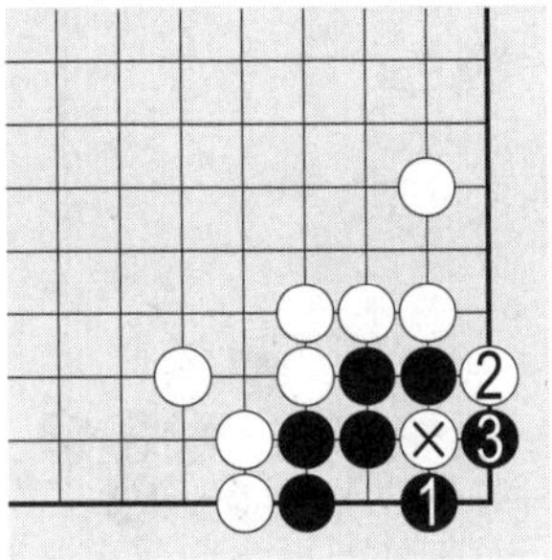

题 106 1/2 正解

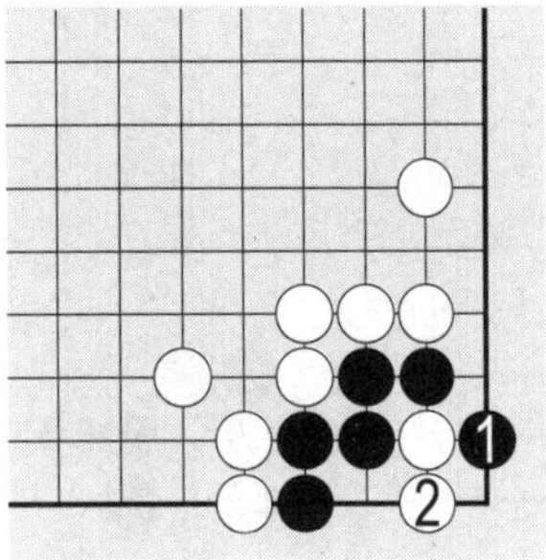

题 106 2/2 失败

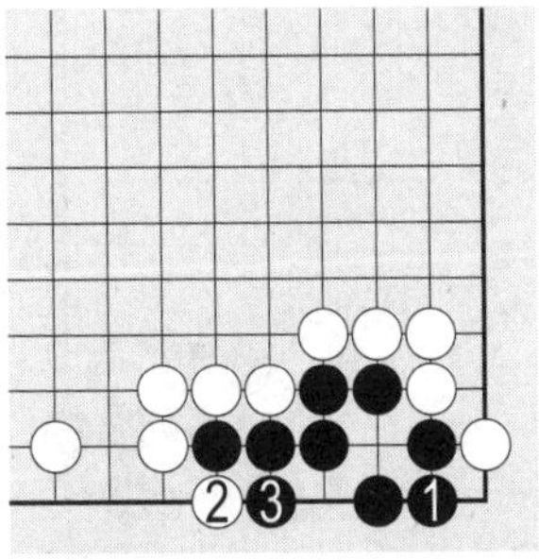

题 107 1/2 正解

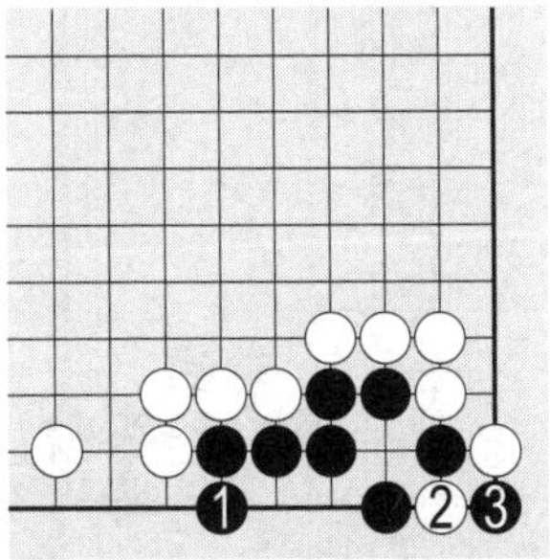

题 107 2/2 失败 劫

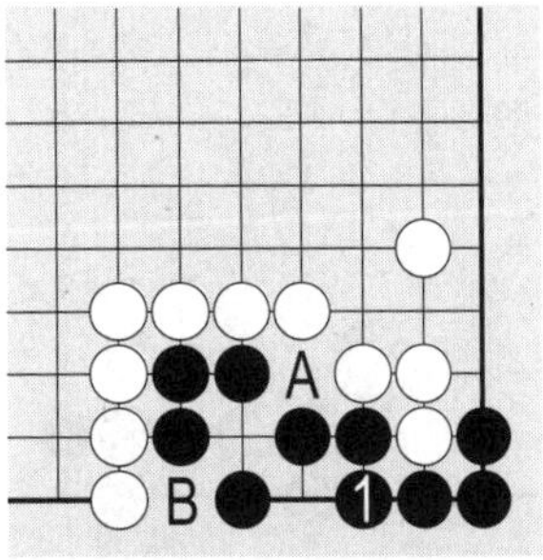

题 108 1/3 正解

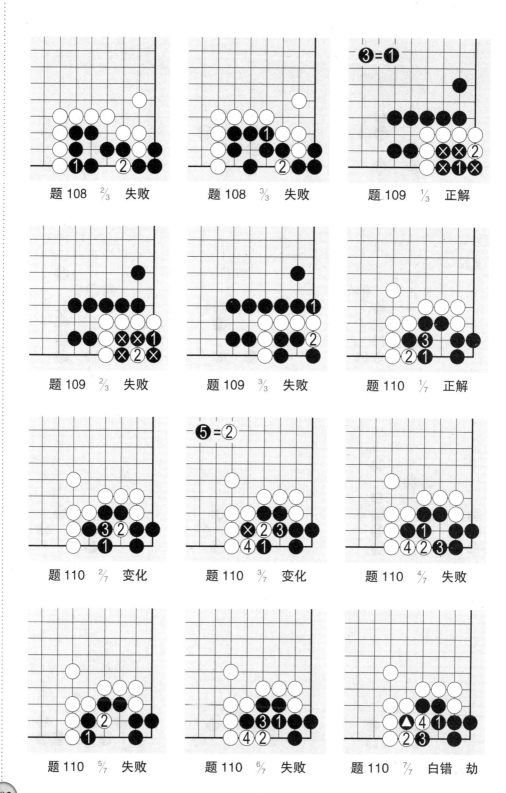

题108 ²⁄₃ 失败　　题108 ³⁄₃ 失败　　题109 ¹⁄₃ 正解

题109 ²⁄₃ 失败　　题109 ³⁄₃ 失败　　题110 ¹⁄₇ 正解

题110 ²⁄₇ 变化　　题110 ³⁄₇ 变化　　题110 ⁴⁄₇ 失败

题110 ⁵⁄₇ 失败　　题110 ⁶⁄₇ 失败　　题110 ⁷⁄₇ 白错 劫

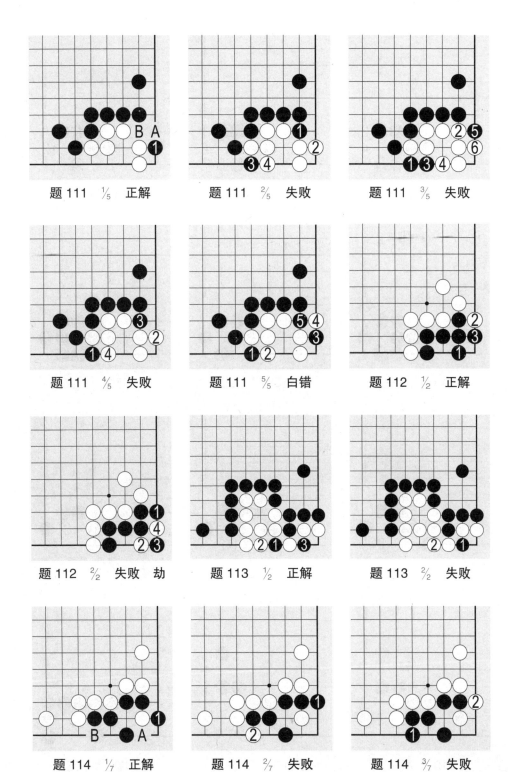

题 111 1/5 正解　　　　题 111 2/5 失败　　　　题 111 3/5 失败

题 111 4/5 失败　　　　题 111 5/5 白错　　　　题 112 1/2 正解

题 112 2/2 失败 劫　　　题 113 1/2 正解　　　　题 113 2/2 失败

题 114 1/7 正解　　　　题 114 2/7 失败　　　　题 114 3/7 失败

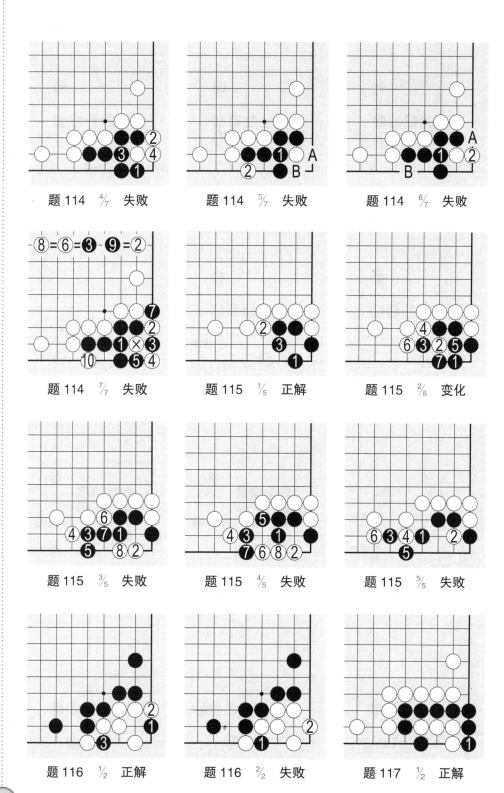

题114 ⁴⁄₇ 失败　　题114 ⁵⁄₇ 失败　　题114 ⁶⁄₇ 失败

⑧=⑥=❸-❾=②

题114 ⁷⁄₇ 失败　　题115 ¹⁄₅ 正解　　题115 ²⁄₅ 变化

题115 ³⁄₅ 失败　　题115 ⁴⁄₅ 失败　　题115 ⁵⁄₅ 失败

题116 ¹⁄₂ 正解　　题116 ²⁄₂ 失败　　题117 ¹⁄₂ 正解

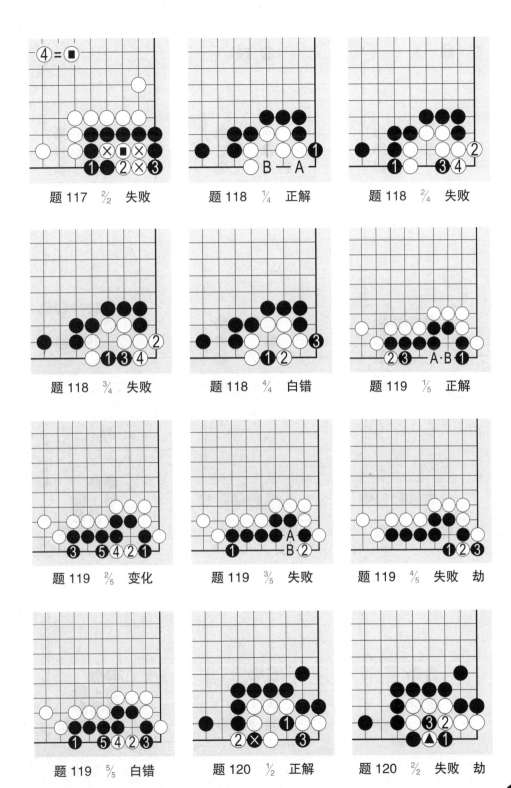

题 117　²⁄₂　失败

题 118　¹⁄₄　正解

题 118　²⁄₄　失败

题 118　³⁄₄　失败

题 118　⁴⁄₄　白错

题 119　¹⁄₅　正解

题 119　²⁄₅　变化

题 119　³⁄₅　失败

题 119　⁴⁄₅　失败　劫

题 119　⁵⁄₅　白错

题 120　¹⁄₂　正解

题 120　²⁄₂　失败　劫

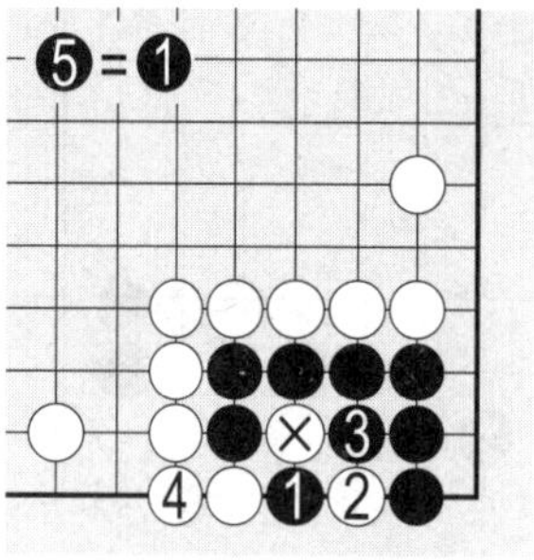
题 121 1/5 正解

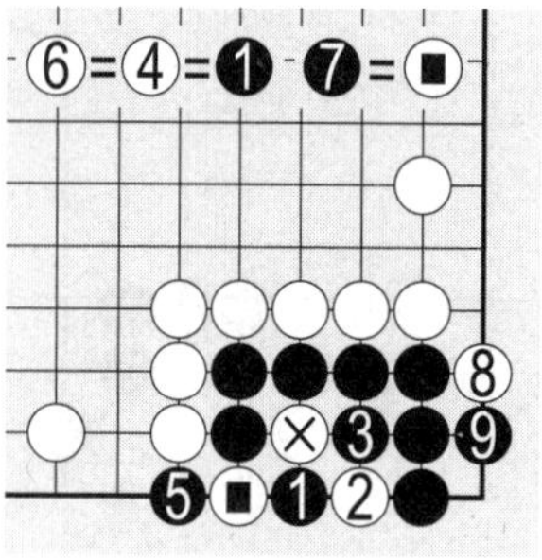
题 121 2/5 变化

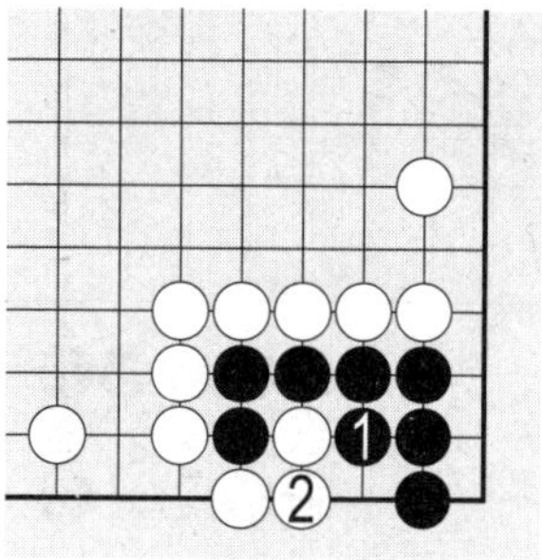
题 121 3/5 失败

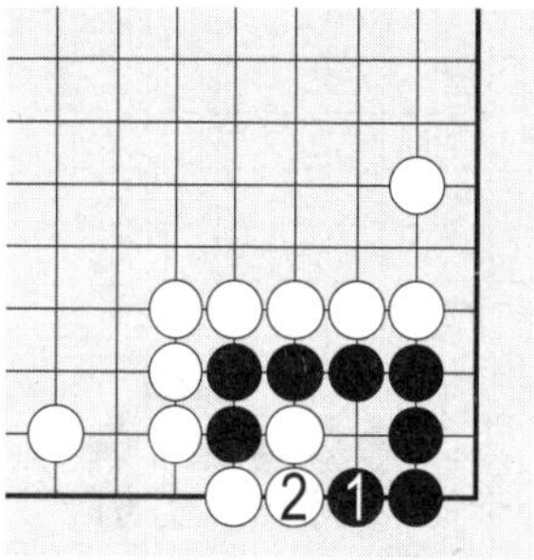
题 121 4/5 失败

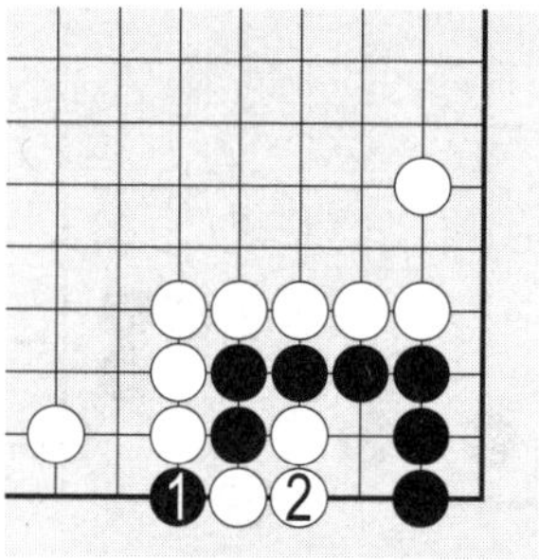
题 121 5/5 失败

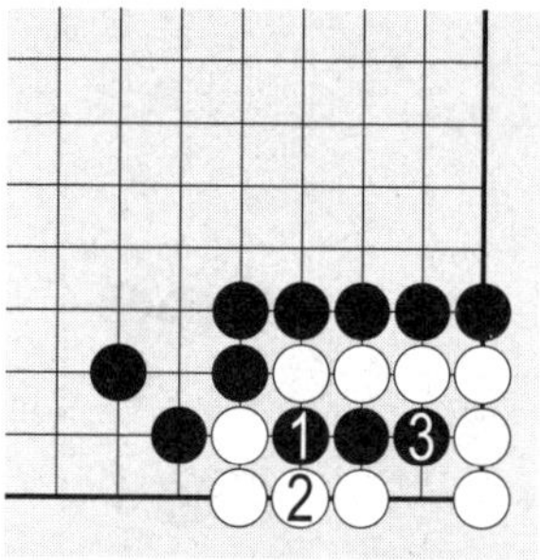
题 122 1/3 正解

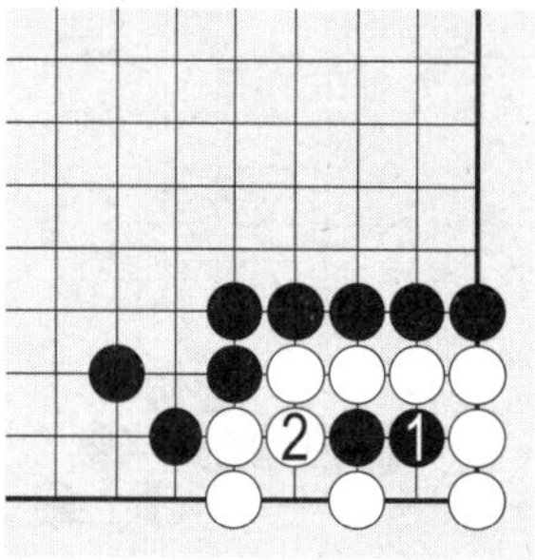
题 122 2/3 失败

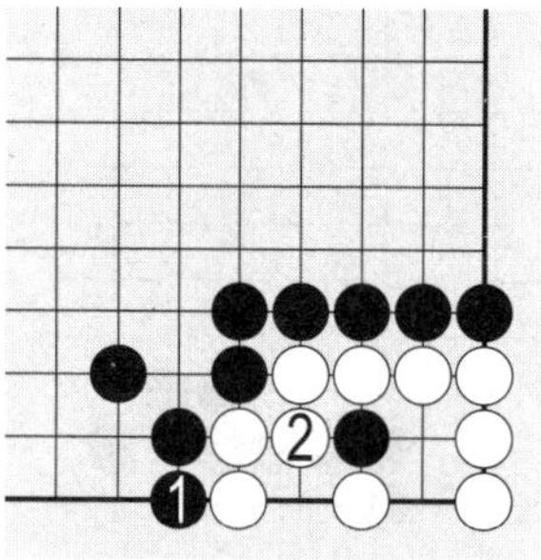
题 122 3/3 失败

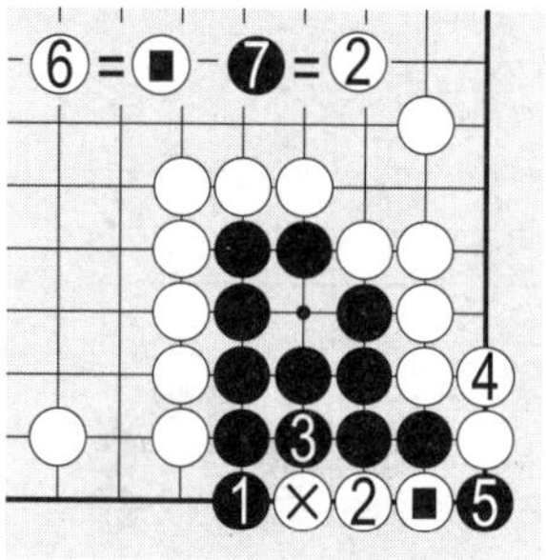
题 123 1/5 正解

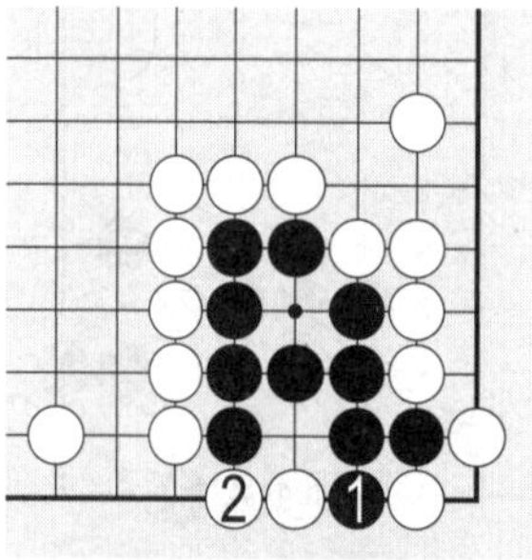
题 123 2/5 失败

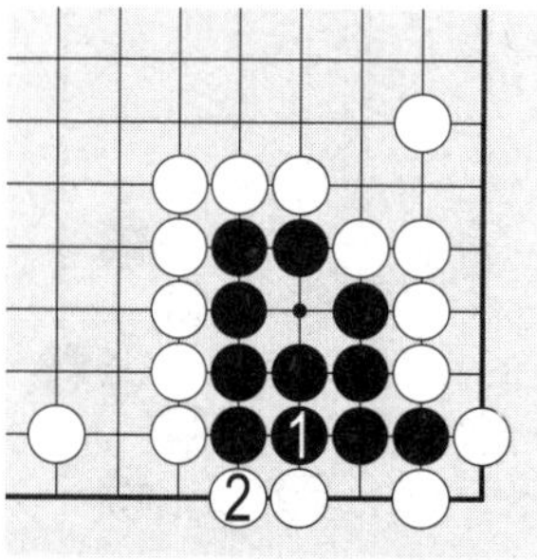
题 123 3/5 失败

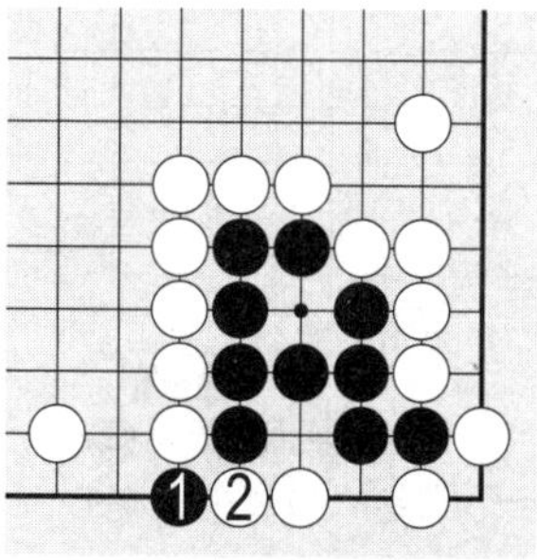
题 123 4/5 失败

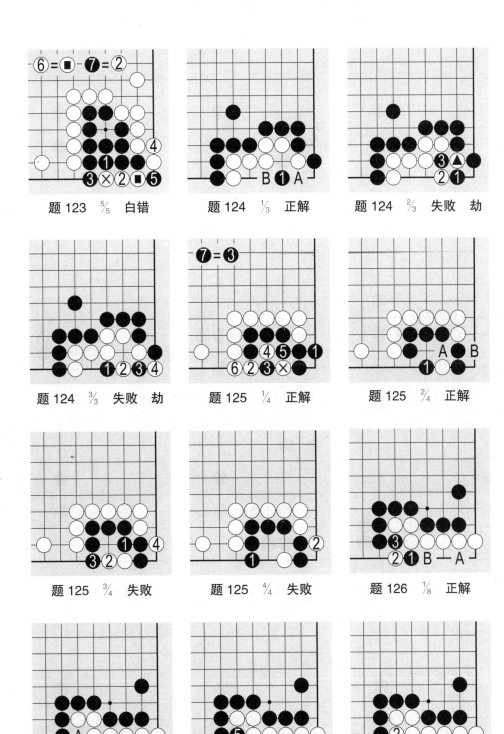

题 123　⁵/₅　白错

题 124　¹/₃　正解

题 124　²/₃　失败　劫

题 124　³/₃　失败　劫

题 125　¹/₄　正解

题 125　²/₄　正解

题 125　³/₄　失败

题 125　⁴/₄　失败

题 126　¹/₈　正解

题 126　²/₈　变化

题 126　³/₈　正解

题 126　⁴/₈　变化

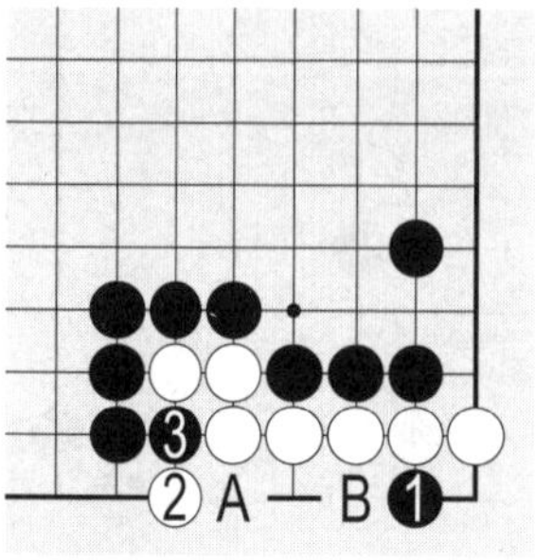

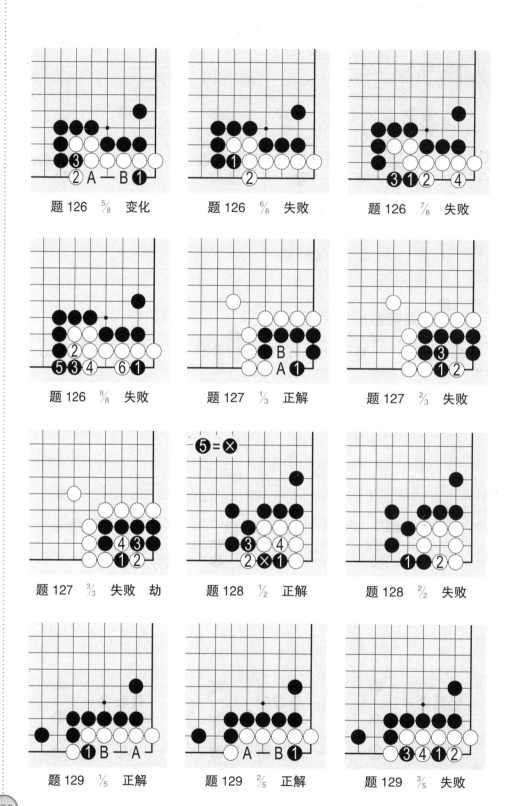

题 126 5/8 变化

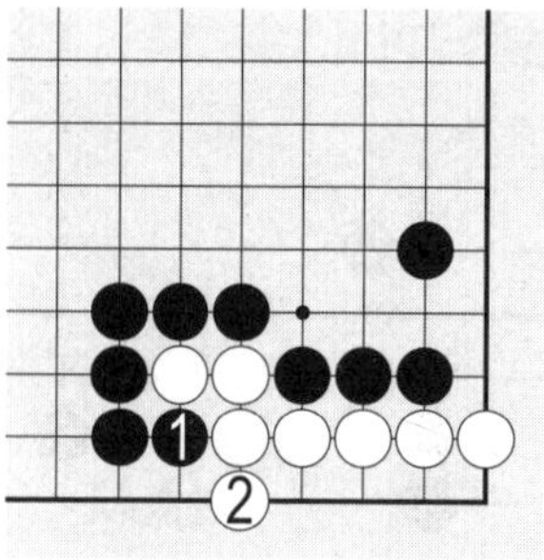

题 126 6/8 失败

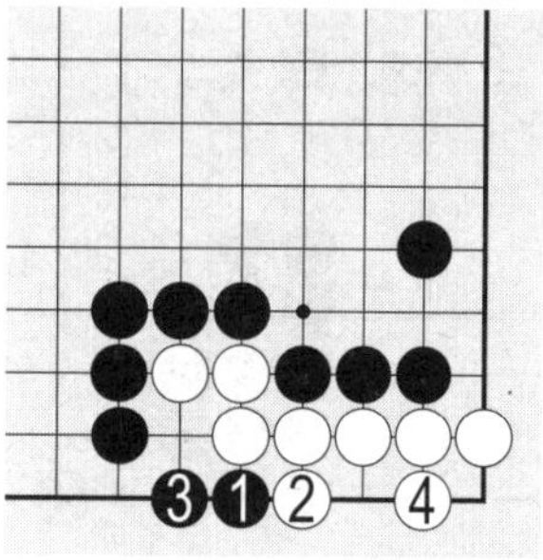

题 126 7/8 失败

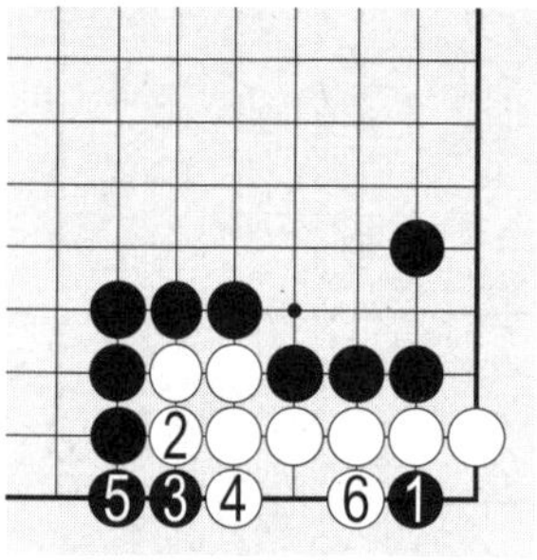

题 126 8/8 失败

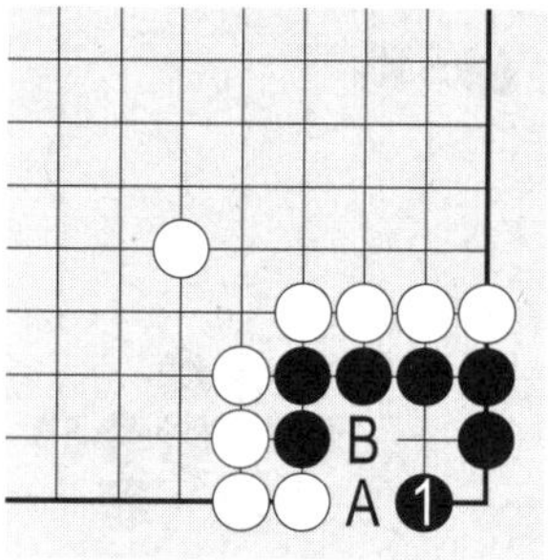

题 127 1/3 正解

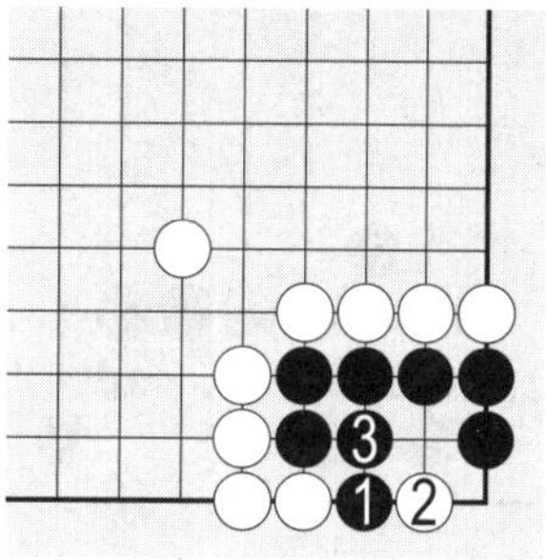

题 127 2/3 失败

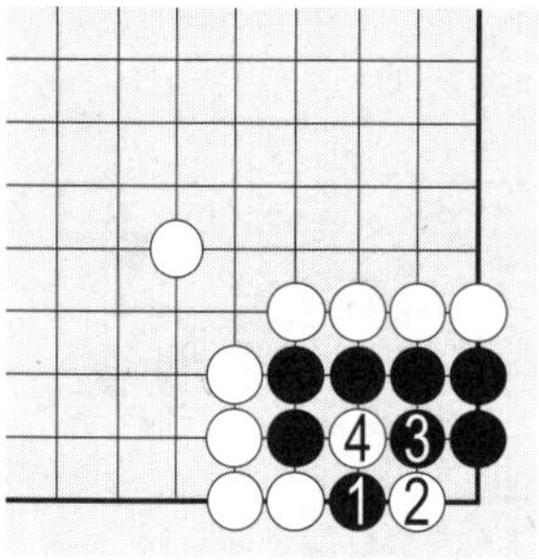

题 127 3/3 失败 劫

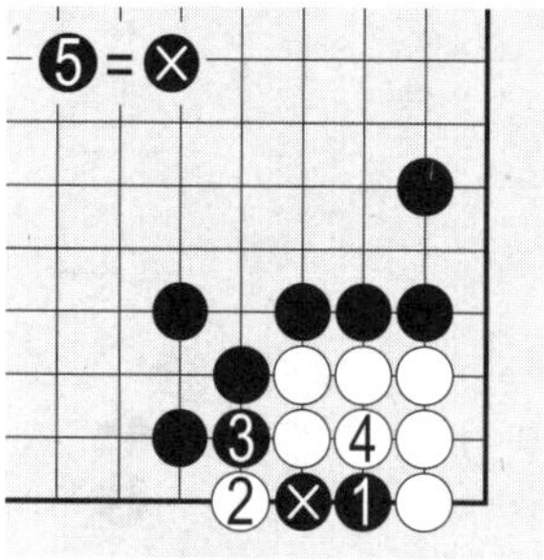

题 128 1/2 正解

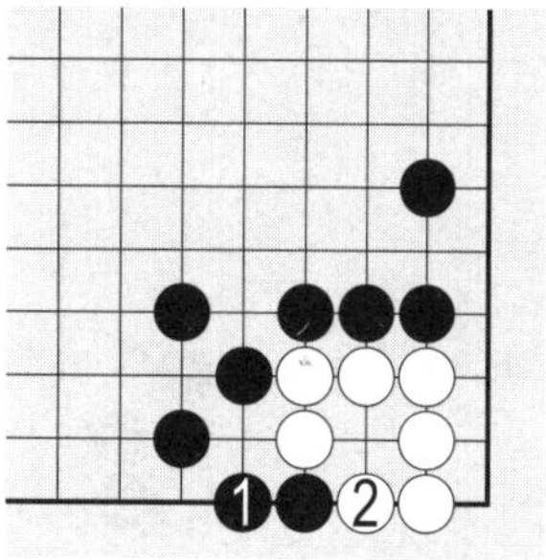

题 128 2/2 失败

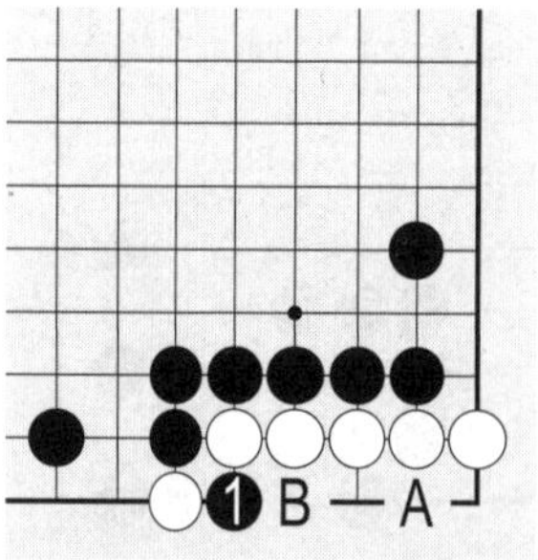

题 129 1/5 正解

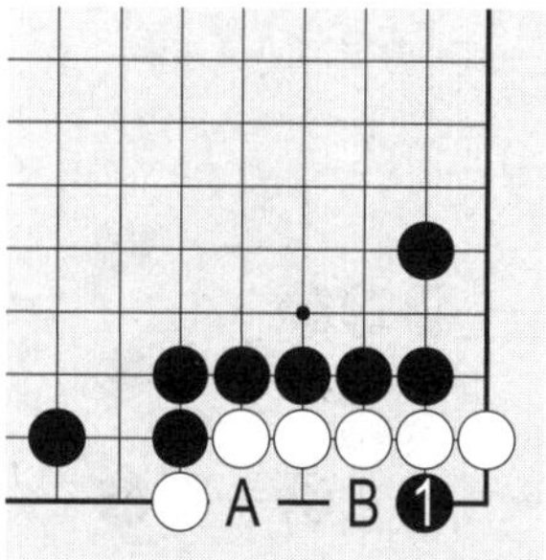

题 129 2/5 正解

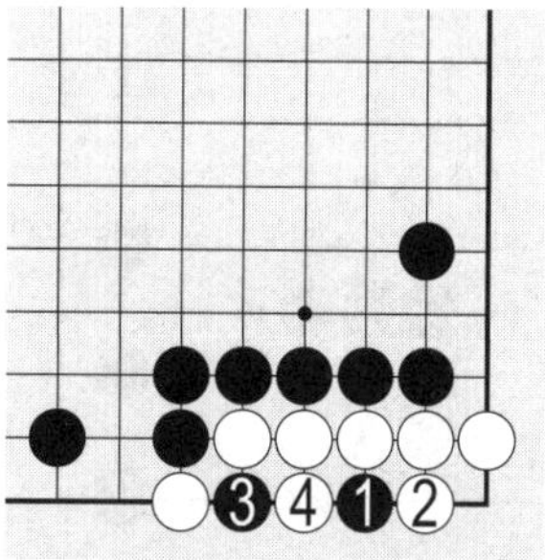

题 129 3/5 失败

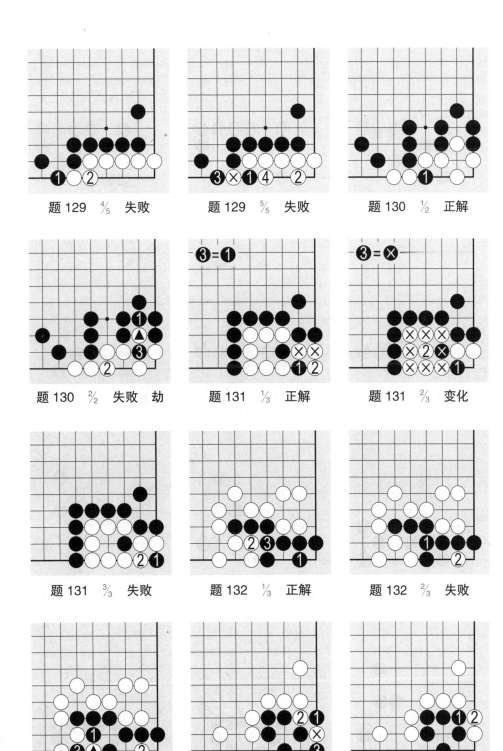

題129 ⁴/₅ 失敗   題129 ⁵/₅ 失敗   題130 ½ 正解

題130 ²/₂ 失敗 劫   題131 ⅓ 正解   題131 ²/₃ 变化

題131 ³/₃ 失敗   題132 ⅓ 正解   題132 ²/₃ 失敗

題132 ³/₃ 失敗 劫   題133 ½ 正解   題133 ²/₂ 失敗

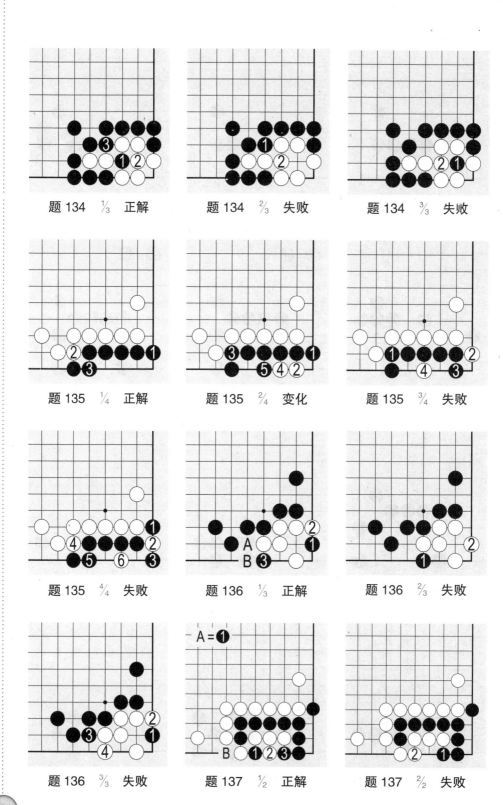

题 134　⅓　正解　　　　题 134　⅔　失败　　　　题 134　3/3　失败

题 135　¼　正解　　　　题 135　2/4　变化　　　　题 135　¾　失败

题 135　4/4　失败　　　　题 136　⅓　正解　　　　题 136　⅔　失败

题 136　3/3　失败　　　　题 137　½　正解　　　　题 137　2/2　失败

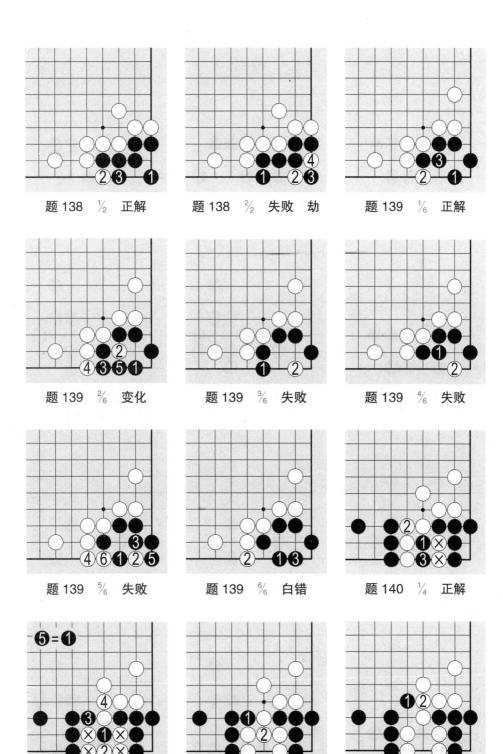

题 138　½　正解　　　　　题 138　²⁄₂　失败　劫　　　　题 139　⅙　正解

题 139　²⁄₆　变化　　　　题 139　³⁄₆　失败　　　　　题 139　⁴⁄₆　失败

题 139　⁵⁄₆　失败　　　　题 139　⁶⁄₆　白错　　　　　题 140　¼　正解

题 140　²⁄₄　变化　　　　题 140　³⁄₄　失败　　　　　题 140　⁴⁄₄　失败

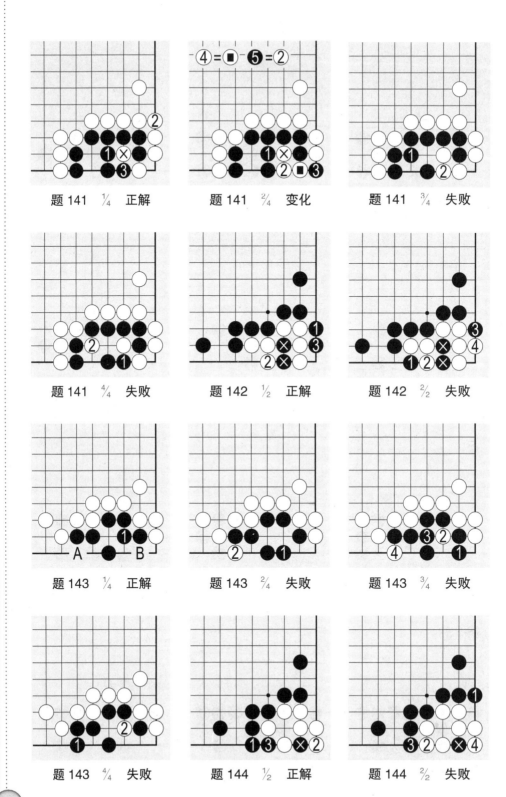

④=■ ❺=②

题 141 ¼ 正解　　题 141 ²⁄₄ 变化　　题 141 ³⁄₄ 失败

题 141 ⁴⁄₄ 失败　　题 142 ½ 正解　　题 142 ²⁄₂ 失败

题 143 ¼ 正解　　题 143 ²⁄₄ 失败　　题 143 ³⁄₄ 失败

题 143 ⁴⁄₄ 失败　　题 144 ½ 正解　　题 144 ²⁄₂ 失败

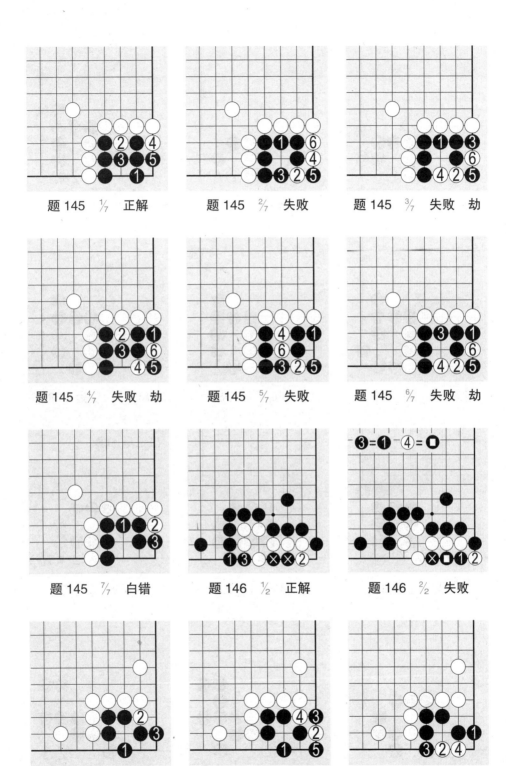

题 145 1/7 正解　　　题 145 2/7 失败　　　题 145 3/7 失败 劫

题 145 4/7 失败 劫　　　题 145 5/7 失败　　　题 145 6/7 失败 劫

题 145 7/7 白错　　　题 146 1/2 正解　　　题 146 2/2 失败

题 147 1/5 正解　　　题 147 2/5 变化　　　题 147 3/5 失败

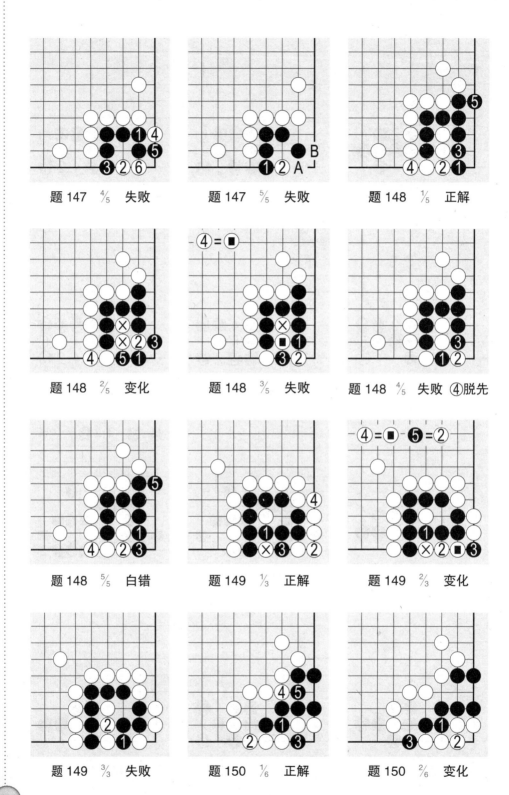

题147 ⁴⁄₅ 失败　　　题147 ⁵⁄₅ 失败　　　题148 ¹⁄₅ 正解

题148 ²⁄₅ 变化　　　题148 ³⁄₅ 失败　　　题148 ⁴⁄₅ 失败 ④脱先

题148 ⁵⁄₅ 白错　　　题149 ¹⁄₃ 正解　　　题149 ²⁄₃ 变化

题149 ³⁄₃ 失败　　　题150 ¹⁄₆ 正解　　　题150 ²⁄₆ 变化

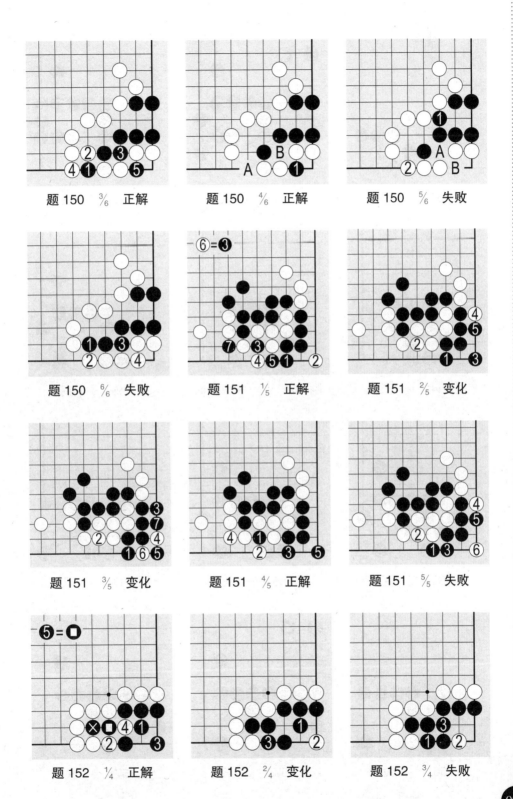

題 150　³⁄₆　正解　　　題 150　⁴⁄₆　正解　　　題 150　⁵⁄₆　失敗

題 150　⁶⁄₆　失敗　　　題 151　¹⁄₅　正解　　　題 151　²⁄₅　変化

題 151　³⁄₅　変化　　　題 151　⁴⁄₅　正解　　　題 151　⁵⁄₅　失敗

題 152　¹⁄₄　正解　　　題 152　²⁄₄　変化　　　題 152　³⁄₄　失敗

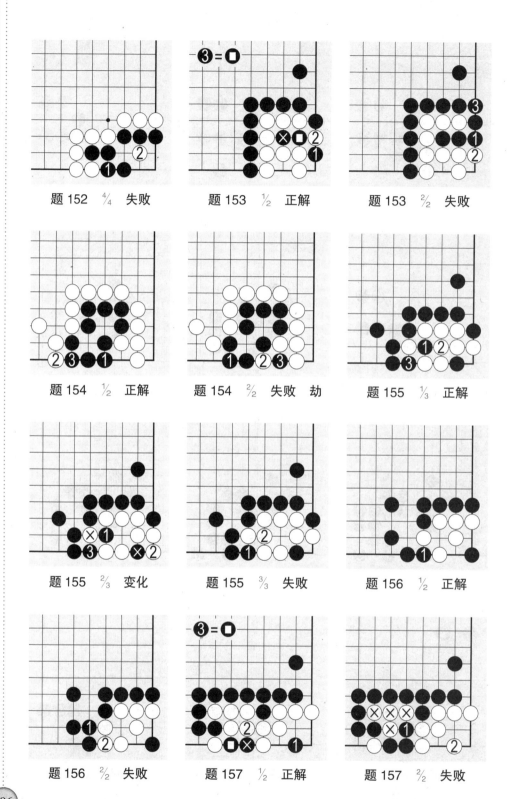

题 152　⁴/₄　失败　　　　题 153　¹/₂　正解　　　　题 153　²/₂　失败

题 154　¹/₂　正解　　　　题 154　²/₂　失败　劫　　　题 155　¹/₃　正解

题 155　²/₃　变化　　　　题 155　³/₃　失败　　　　题 156　¹/₂　正解

题 156　²/₂　失败　　　　题 157　¹/₂　正解　　　　题 157　²/₂　失败

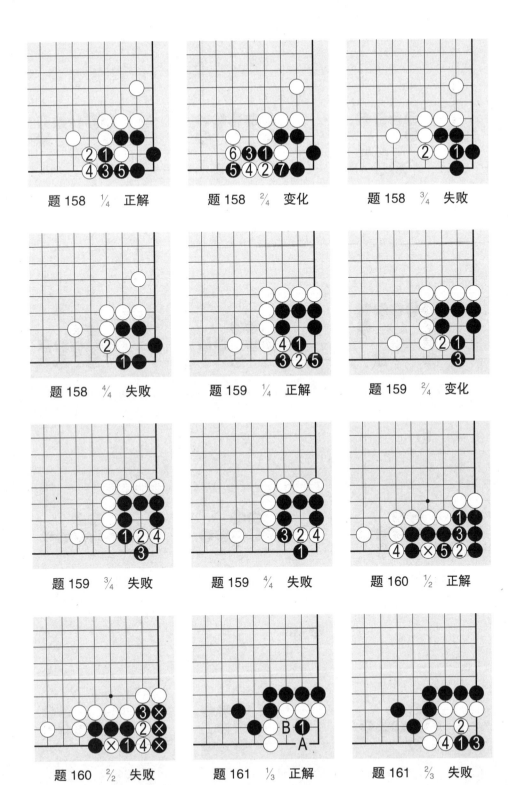

题158 ¹⁄₄ 正解　　　题158 ²⁄₄ 变化　　　题158 ³⁄₄ 失败

题158 ⁴⁄₄ 失败　　　题159 ¹⁄₄ 正解　　　题159 ²⁄₄ 变化

题159 ³⁄₄ 失败　　　题159 ⁴⁄₄ 失败　　　题160 ¹⁄₂ 正解

题160 ²⁄₂ 失败　　　题161 ¹⁄₃ 正解　　　题161 ²⁄₃ 失败

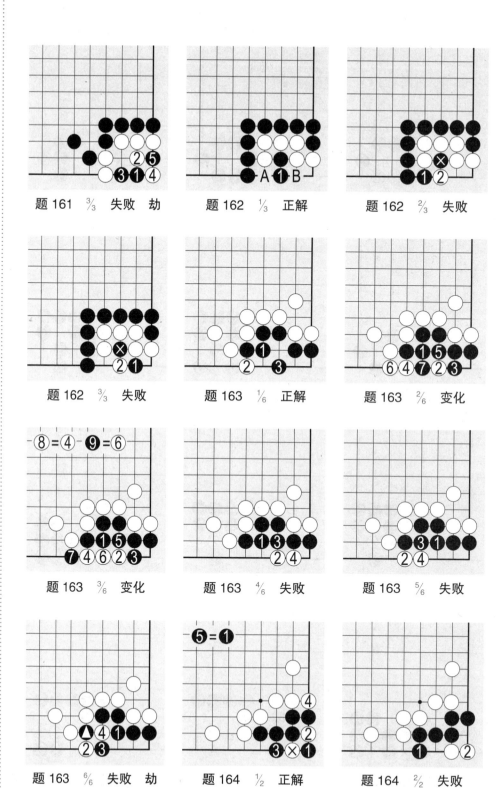

题161 ³/₃ 失败 劫　　题162 ¹/₃ 正解　　题162 ²/₃ 失败

题162 ³/₃ 失败　　题163 ¹/₆ 正解　　题163 ²/₆ 变化

题163 ³/₆ 变化　　题163 ⁴/₆ 失败　　题163 ⁵/₆ 失败

题163 ⁶/₆ 失败 劫　　题164 ¹/₂ 正解　　题164 ²/₂ 失败

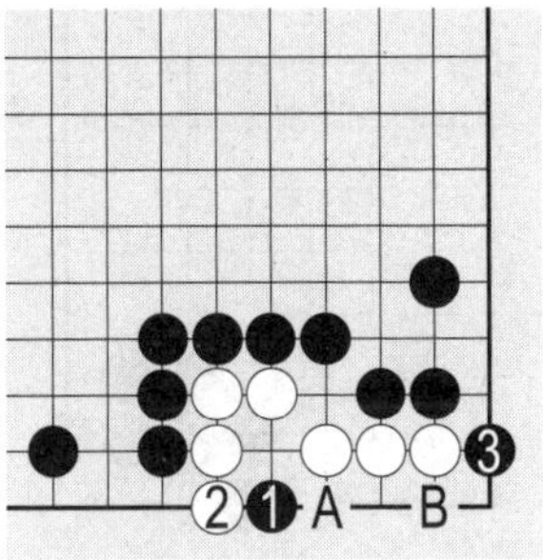

题 165 1/4 正解

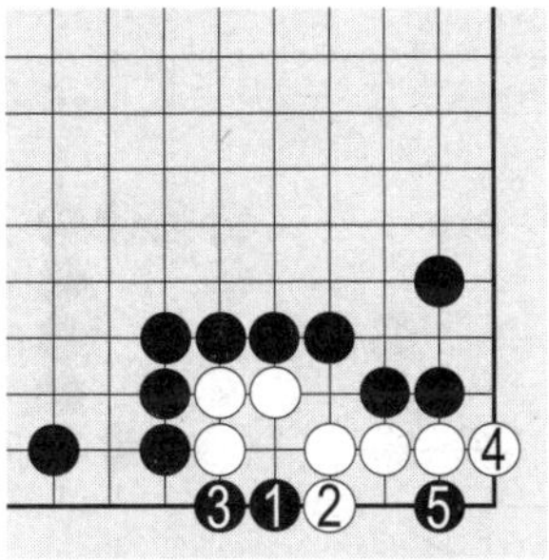

题 165 2/4 变化

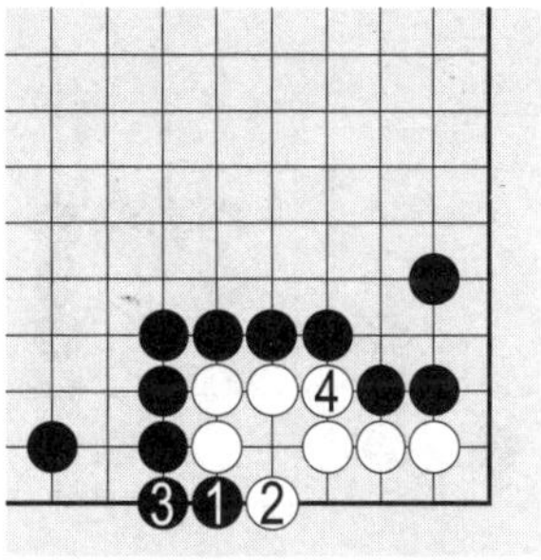

题 165 3/4 失败

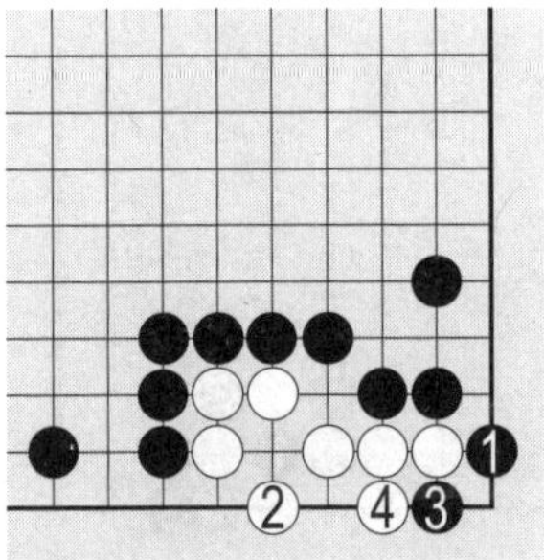

题 165 4/4 失败

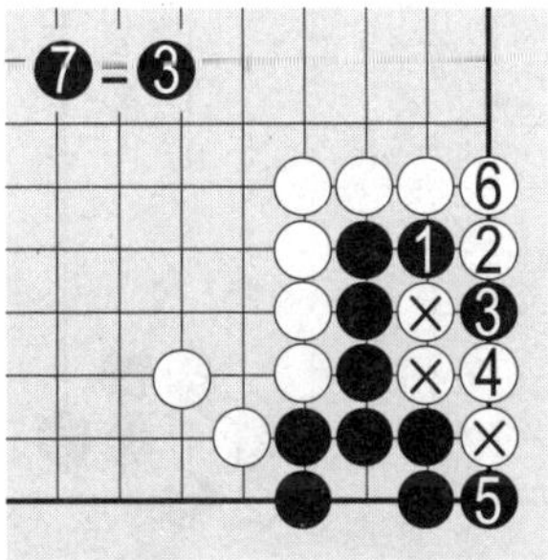

题 166 1/2 正解

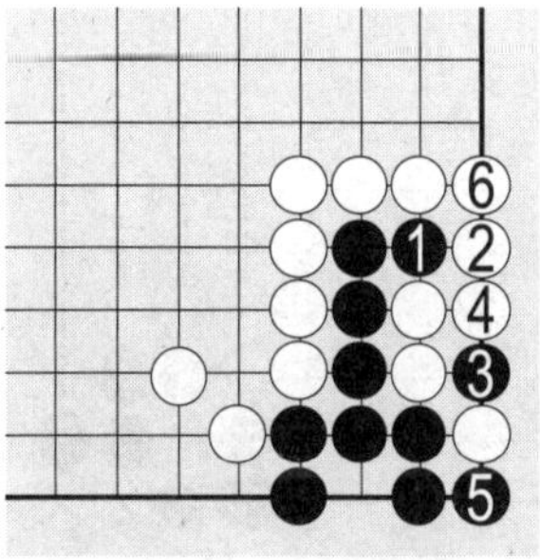

题 166 2/2 失败

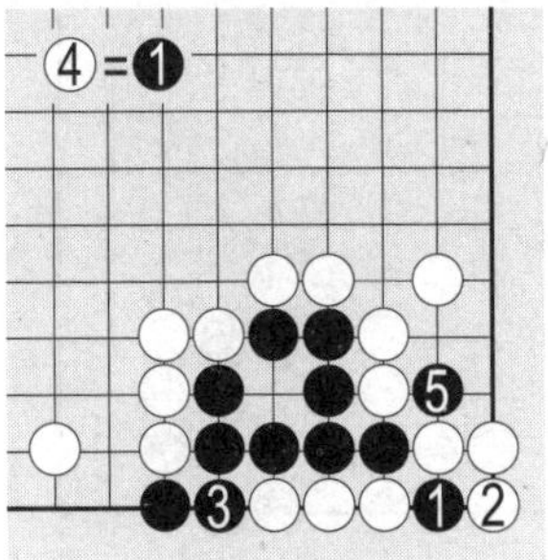

题 167 1/5 正解

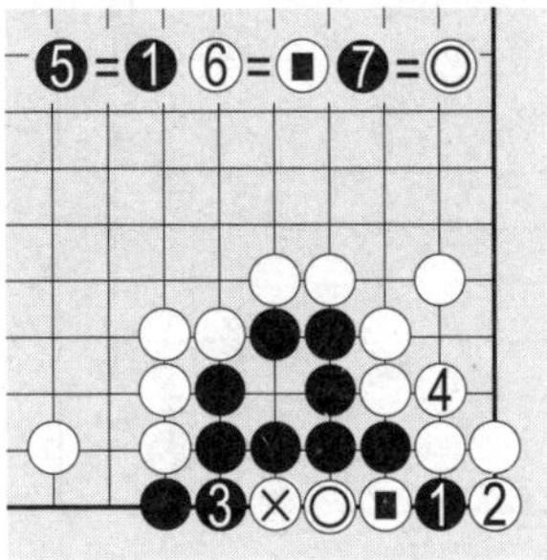

题 167 2/5 变化

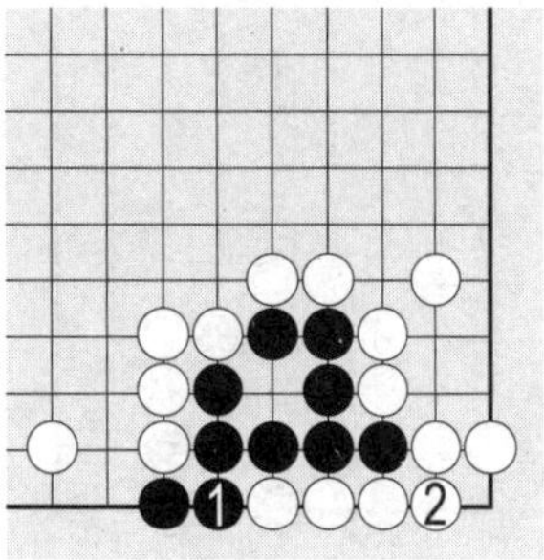

题 167 3/5 失败

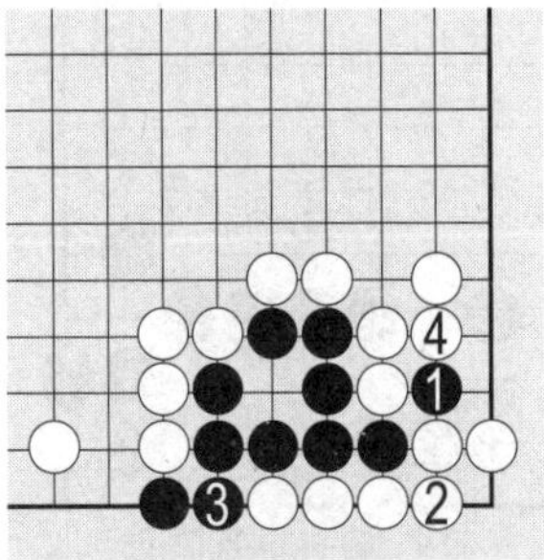

题 167 4/5 失败

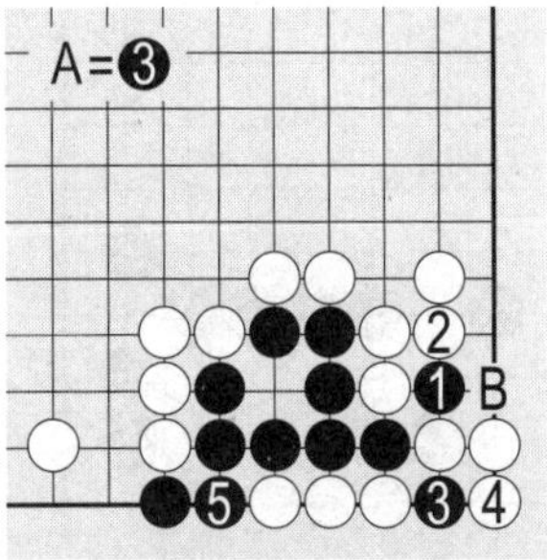

题 167 5/5 白错

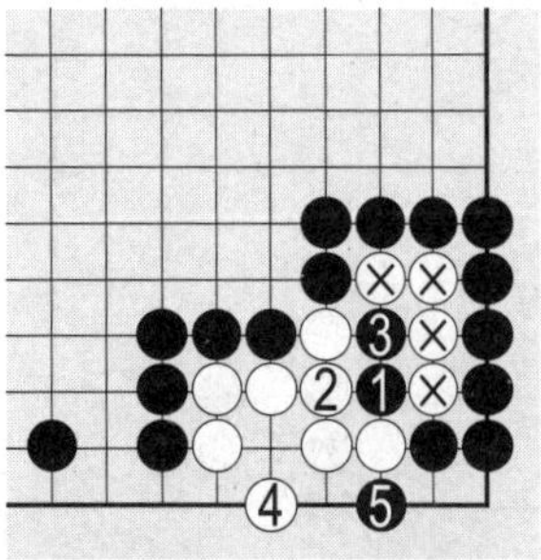

题 168 1/3 正解

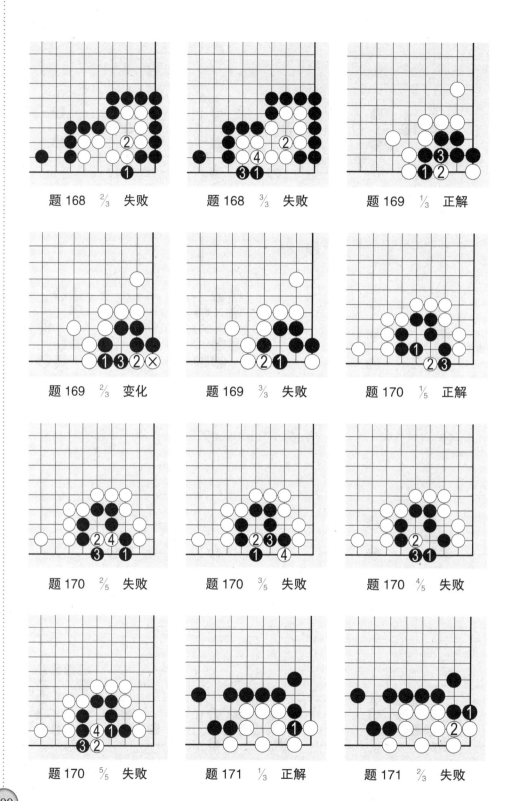

题 168 ²⁄₃ 失败　　题 168 ³⁄₃ 失败　　题 169 ¹⁄₃ 正解

题 169 ²⁄₃ 变化　　题 169 ³⁄₃ 失败　　题 170 ¹⁄₅ 正解

题 170 ²⁄₅ 失败　　题 170 ³⁄₅ 失败　　题 170 ⁴⁄₅ 失败

题 170 ⁵⁄₅ 失败　　题 171 ¹⁄₃ 正解　　题 171 ²⁄₃ 失败

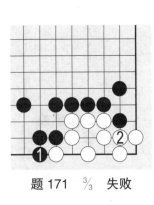

题 171　³/₃　失败

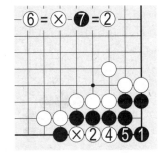

题 172　¹/₃　正解　❸脱先

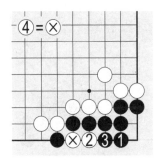

题 172　²/₃　失败

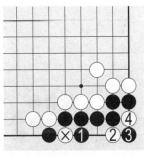

题 172　³/₃　失败　劫

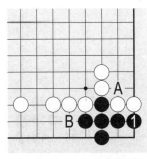

题 173　¹/₄　正解

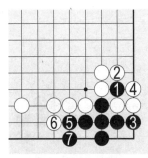

题 173　²/₄　正解

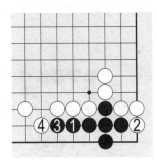

题 173　³/₄　失败

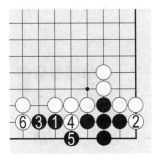

题 173　⁴/₄　失败

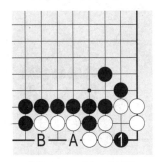

题 174　¹/₄　正解

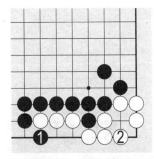

题 174　²/₄　失败

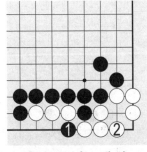

题 174　³/₄　失败

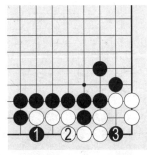

题 174　⁴/₄　白错

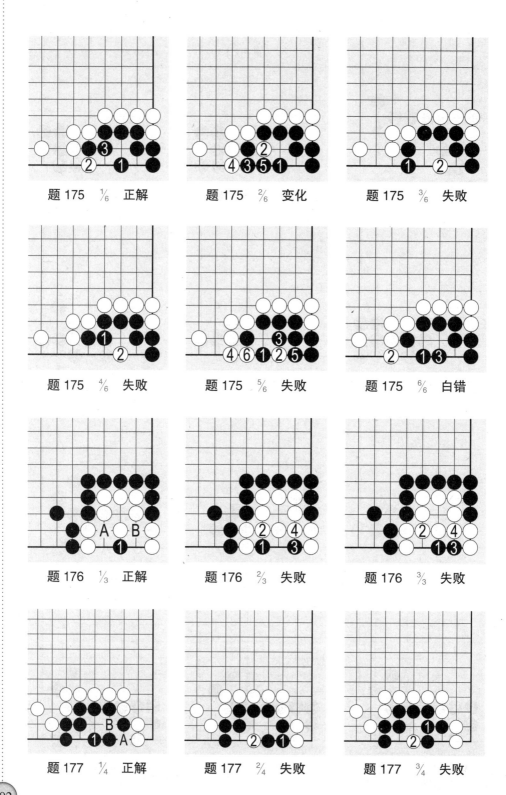

题 175　1/6　正解　　　　题 175　2/6　变化　　　　题 175　3/6　失败

题 175　4/6　失败　　　　题 175　5/6　失败　　　　题 175　6/6　白错

题 176　1/3　正解　　　　题 176　2/3　失败　　　　题 176　3/3　失败

题 177　1/4　正解　　　　题 177　2/4　失败　　　　题 177　3/4　失败

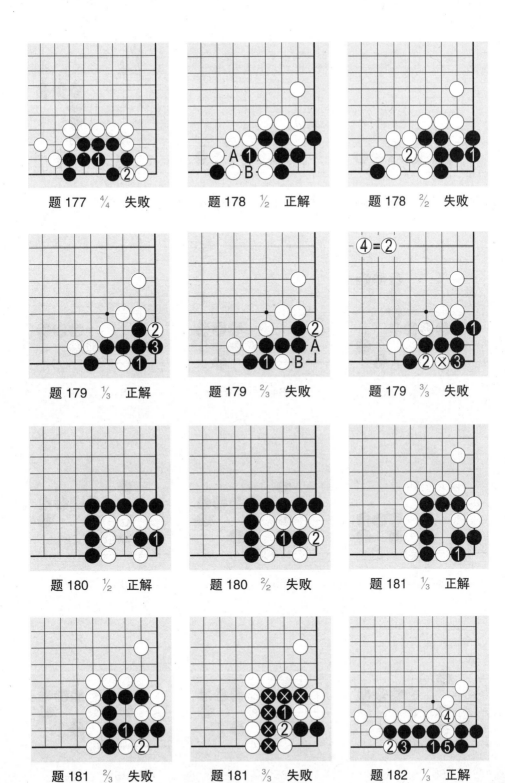

題 177　⁴/₄　失敗　　　　題 178　¹/₂　正解　　　　題 178　²/₂　失敗

題 179　¹/₃　正解　　　　題 179　²/₃　失敗　　　　題 179　³/₃　失敗

題 180　¹/₂　正解　　　　題 180　²/₂　失敗　　　　題 181　¹/₃　正解

題 181　²/₃　失敗　　　　題 181　³/₃　失敗　　　　題 182　¹/₃　正解

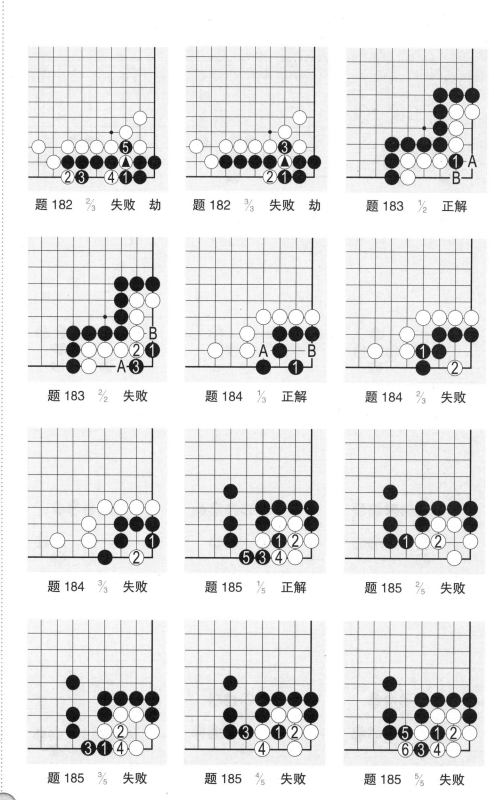

题182 ²⁄₃ 失败 劫　　　　题182 ³⁄₃ 失败 劫　　　　题183 ½ 正解

题183 ²⁄₂ 失败　　　　题184 ⅓ 正解　　　　题184 ²⁄₃ 失败

题184 ³⁄₃ 失败　　　　题185 ⅕ 正解　　　　题185 ²⁄₅ 失败

题185 ³⁄₅ 失败　　　　题185 ⅘ 失败　　　　题185 ⅗ 失败

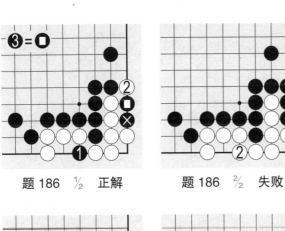
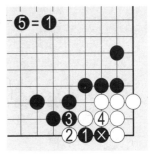

题 186 ½ 正解　　题 186 ²⁄₂ 失败　　题 187 ⅓ 正解

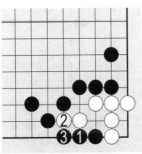
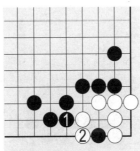
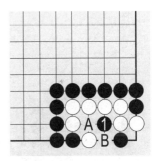

题 187 ²⁄₃ 变化　　题 187 ³⁄₃ 失败　　题 188 ½ 正解

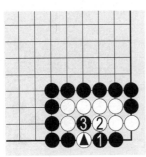
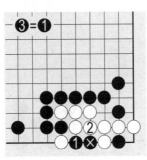
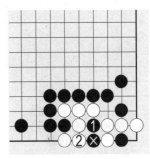

题 188 ²⁄₂ 失败 劫　　题 189 ½ 正解　　题 189 ²⁄₂ 失败

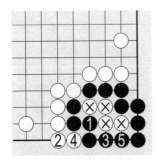
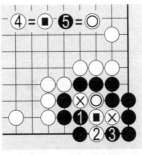
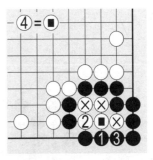

题 190 ⅓ 正解　　题 190 ²⁄₃ 变化　　题 190 ³⁄₃ 失败

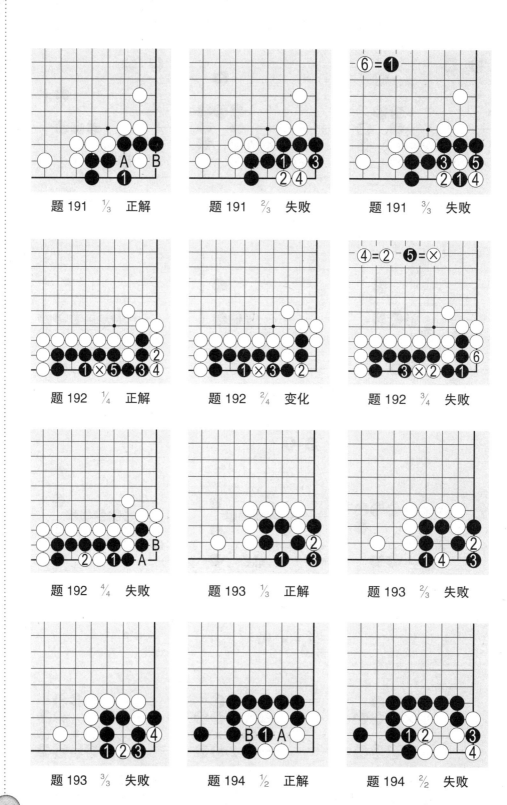

题191 ⅓ 正解　　　题191 ⅔ 失败　　　题191 ⅔ 失败

题192 ¼ 正解　　　题192 ²⁄₄ 变化　　　题192 ¾ 失败

题192 ⁴⁄₄ 失败　　　题193 ⅓ 正解　　　题193 ⅔ 失败

题193 ⅓ 失败　　　题194 ½ 正解　　　题194 ²⁄₂ 失败

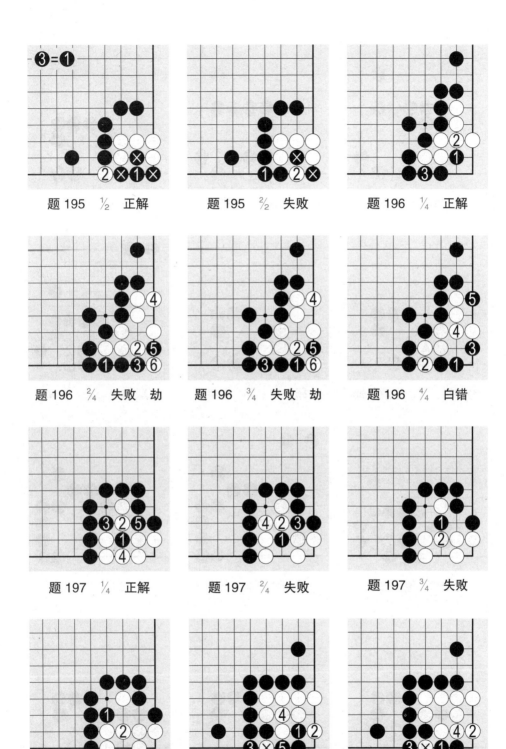

題 195　½　正解　　　　　　題 195　2/2　失敗　　　　　　題 196　¼　正解

題 196　2/4　失敗　劫　　　　題 196　¾　失敗　劫　　　　題 196　4/4　白错

題 197　¼　正解　　　　　　題 197　2/4　失敗　　　　　　題 197　¾　失敗

題 197　4/4　失敗　　　　　　題 198　¼　正解　　　　　　題 198　2/4　失敗

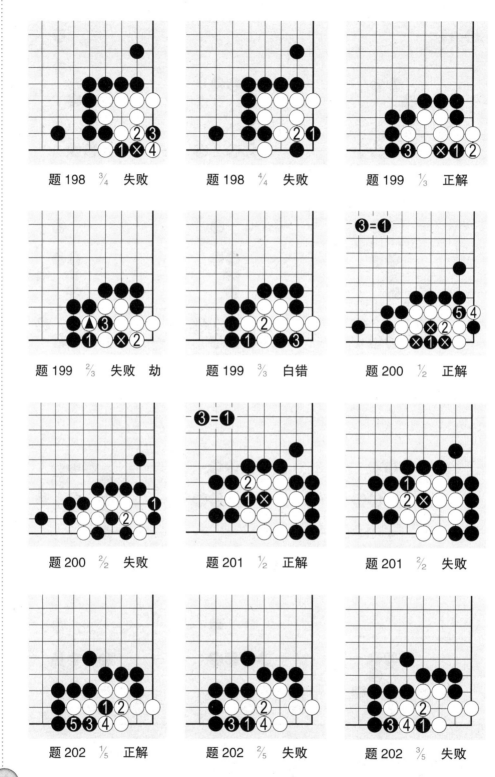

题198 ³⁄₄ 失败　　　　题198 ⁴⁄₄ 失败　　　　题199 ¹⁄₃ 正解

题199 ²⁄₃ 失败 劫　　　题199 ³⁄₃ 白错　　　　题200 ¹⁄₂ 正解

题200 ²⁄₂ 失败　　　　题201 ¹⁄₂ 正解　　　　题201 ²⁄₂ 失败

题202 ¹⁄₅ 正解　　　　题202 ²⁄₅ 失败　　　　题202 ³⁄₅ 失败

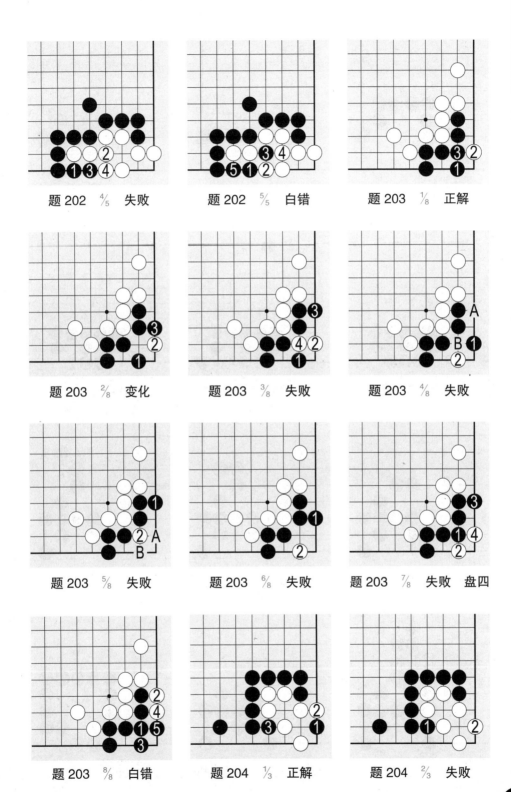

題202 ⁴⁄₅ 失败　　题202 ⁵⁄₅ 白错　　题203 ¹⁄₈ 正解

题203 ²⁄₈ 变化　　题203 ³⁄₈ 失败　　题203 ⁴⁄₈ 失败

题203 ⁵⁄₈ 失败　　题203 ⁶⁄₈ 失败　　题203 ⁷⁄₈ 失败　盘四

题203 ⁸⁄₈ 白错　　题204 ¹⁄₃ 正解　　题204 ²⁄₃ 失败

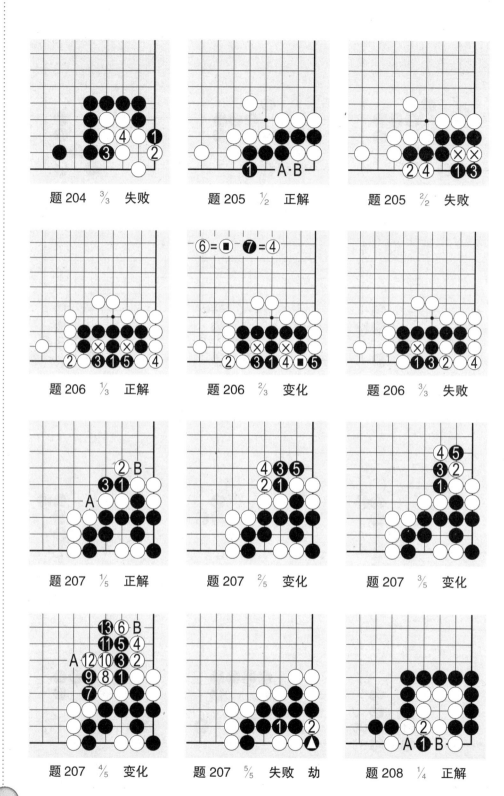

题204 ³⁄₃ 失败　　　　题205 ¹⁄₂ 正解　　　　题205 ²⁄₂ 失败

题206 ¹⁄₃ 正解　　　　题206 ²⁄₃ 变化　　　　题206 ³⁄₃ 失败

题207 ¹⁄₅ 正解　　　　题207 ²⁄₅ 变化　　　　题207 ³⁄₅ 变化

题207 ⁴⁄₅ 变化　　　　题207 ⁵⁄₅ 失败　劫　　　　题208 ¹⁄₄ 正解

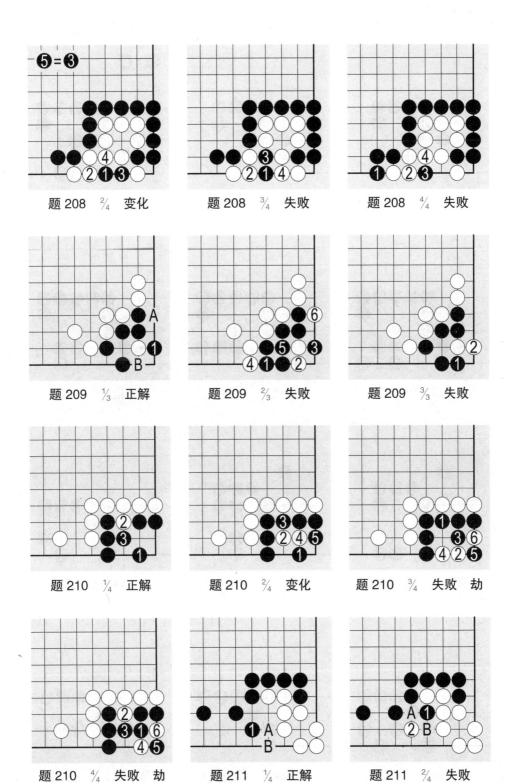

題208 ²/₄ 変化　　題208 ³/₄ 失敗　　題208 ⁴/₄ 失敗

題209 ¹/₃ 正解　　題209 ²/₃ 失敗　　題209 ³/₃ 失敗

題210 ¹/₄ 正解　　題210 ²/₄ 変化　　題210 ³/₄ 失敗　劫

題210 ⁴/₄ 失敗　劫　　題211 ¹/₄ 正解　　題211 ²/₄ 失敗

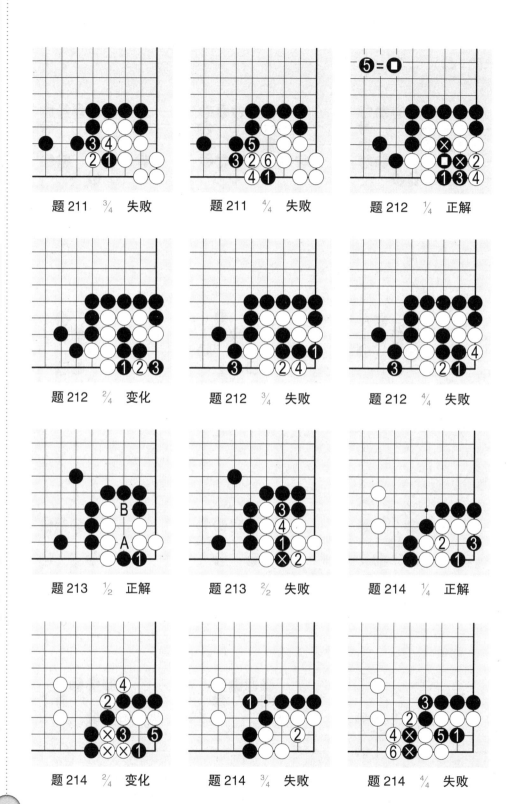

题211 ³⁄₄ 失败　　　　题211 ⁴⁄₄ 失败　　　　题212 ¹⁄₄ 正解

题212 ²⁄₄ 变化　　　　题212 ³⁄₄ 失败　　　　题212 ⁴⁄₄ 失败

题213 ¹⁄₂ 正解　　　　题213 ²⁄₂ 失败　　　　题214 ¹⁄₄ 正解

题214 ²⁄₄ 变化　　　　题214 ³⁄₄ 失败　　　　题214 ⁴⁄₄ 失败

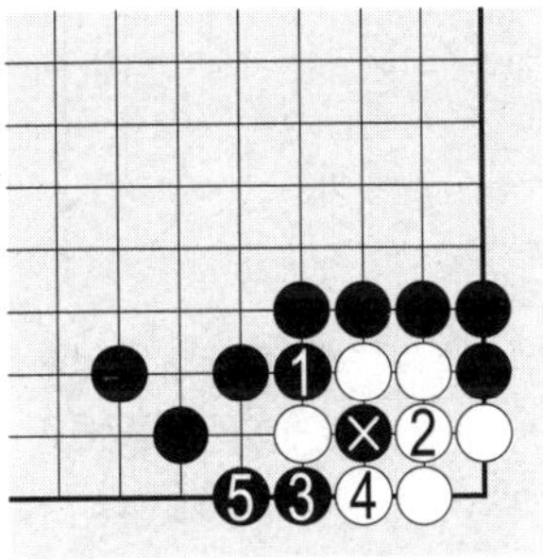

题 215　1/4　正解

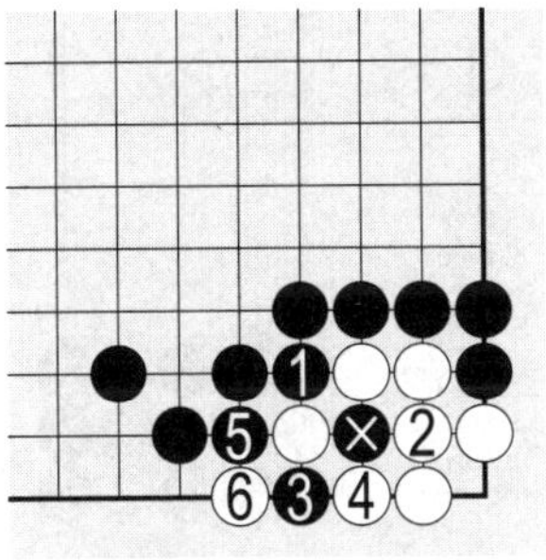

题 215　2/4　失败

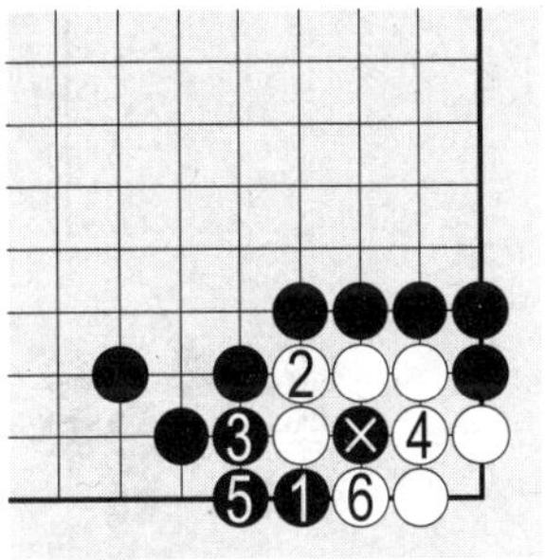

题 215　3/4　失败

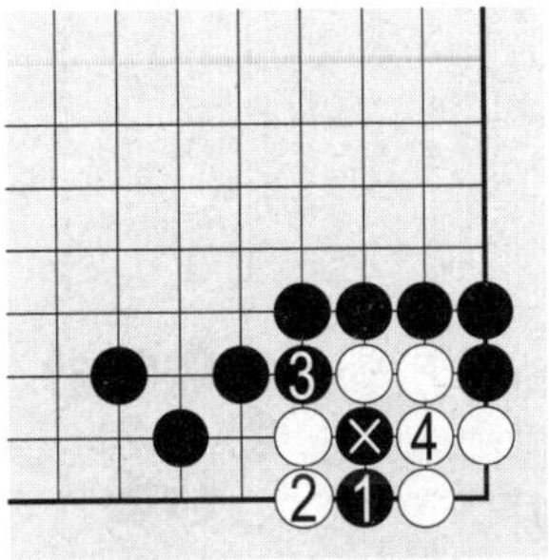

题 215　4/4　失败

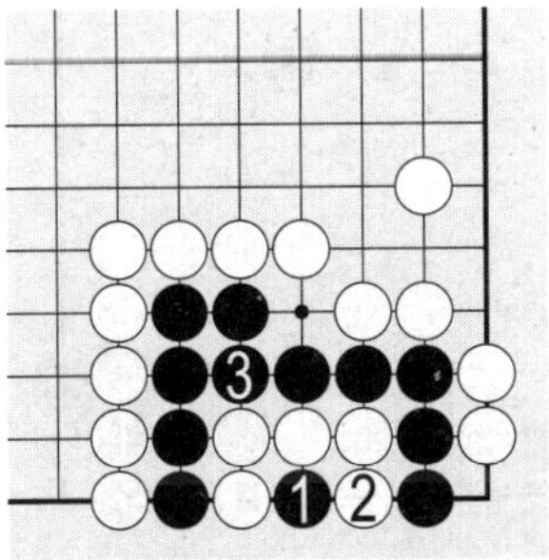

题 216　1/5　正解

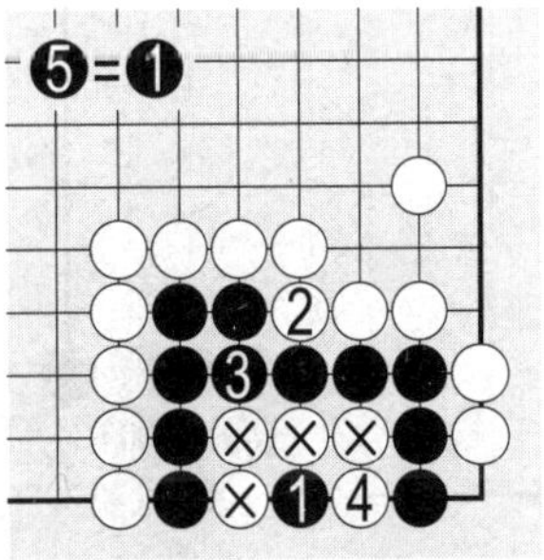

题 216　2/5　变化

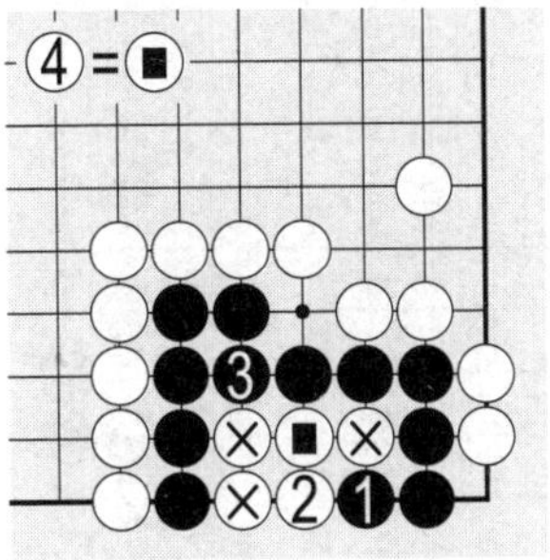

题 216　3/5　失败

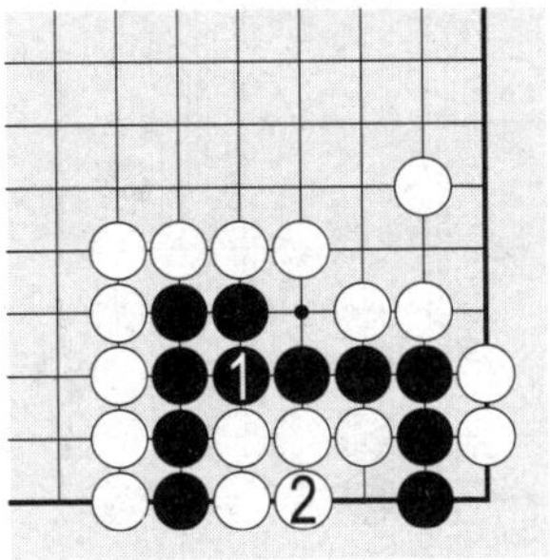

题 216　4/5　失败

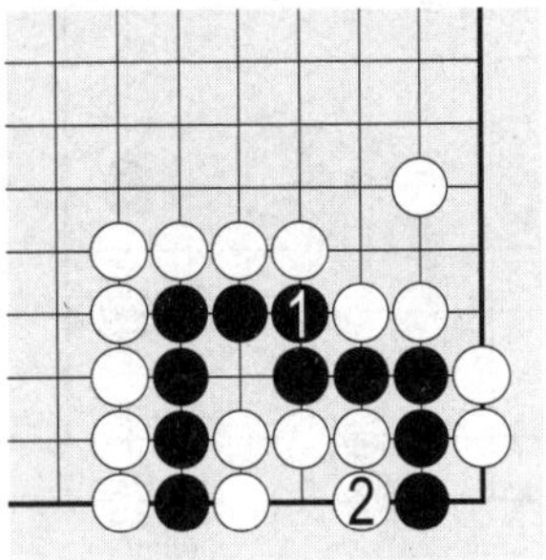

题 216　5/5　失败

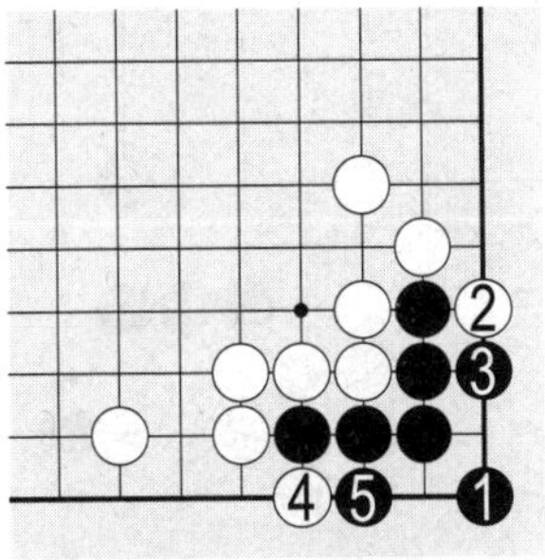

题 217　1/3　正解

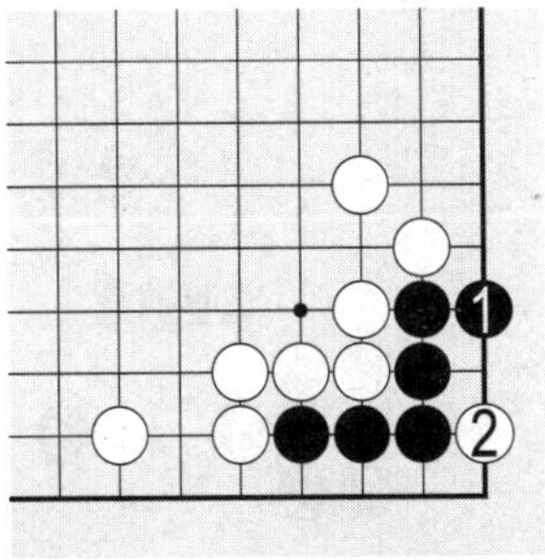

题 217　2/3　失败　盘四

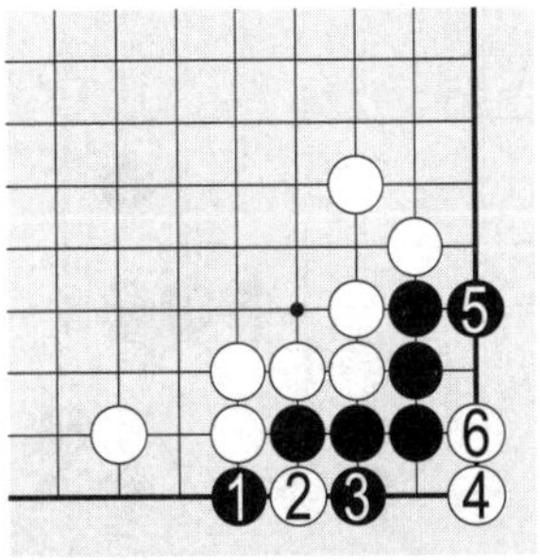

题 217　3/3　失败

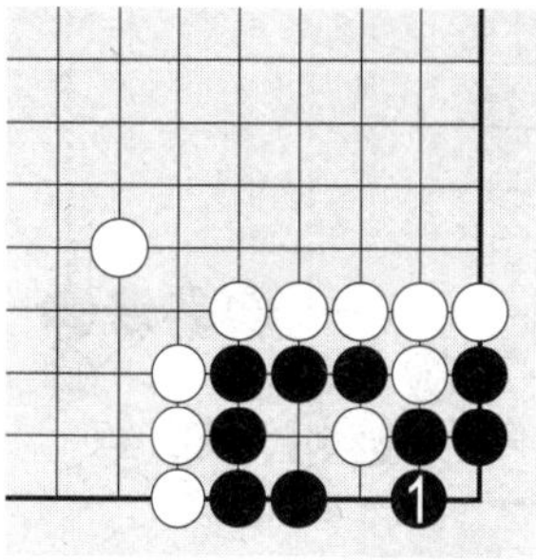

题 218 1/3 正解

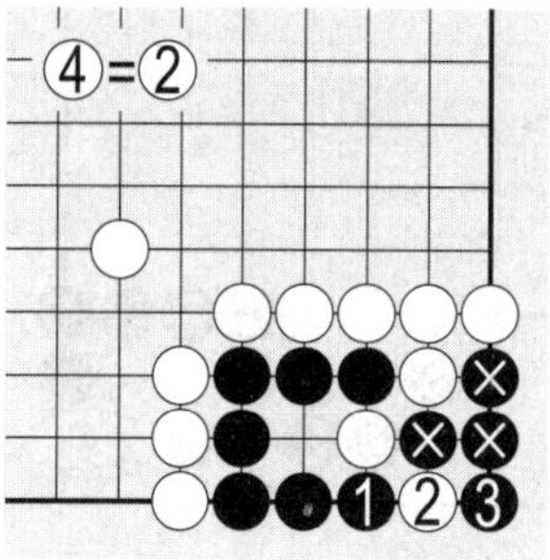

题 218 2/3 失败

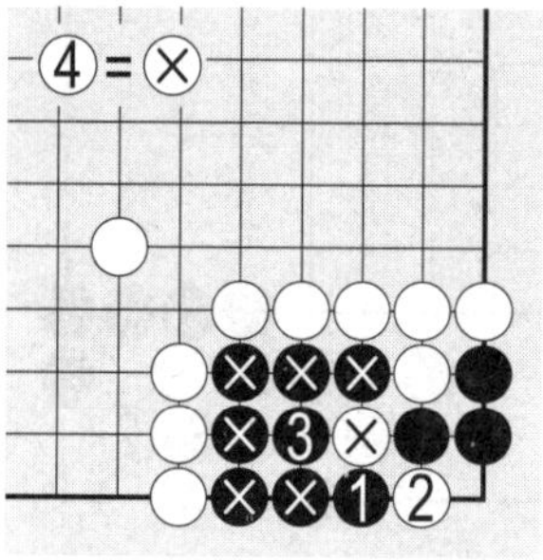

题 218 3/3 失败

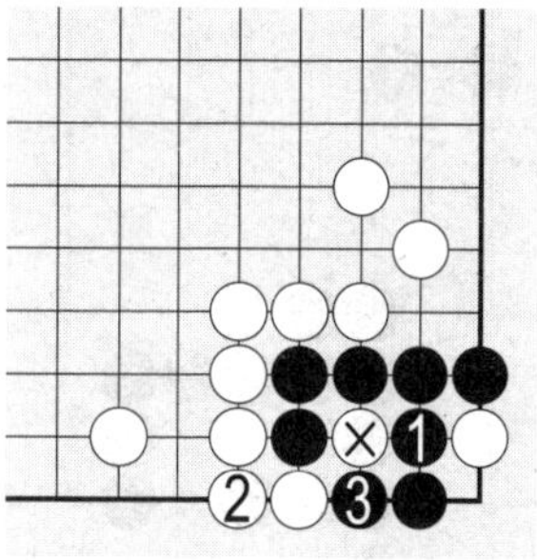

题 219 1/3 正解

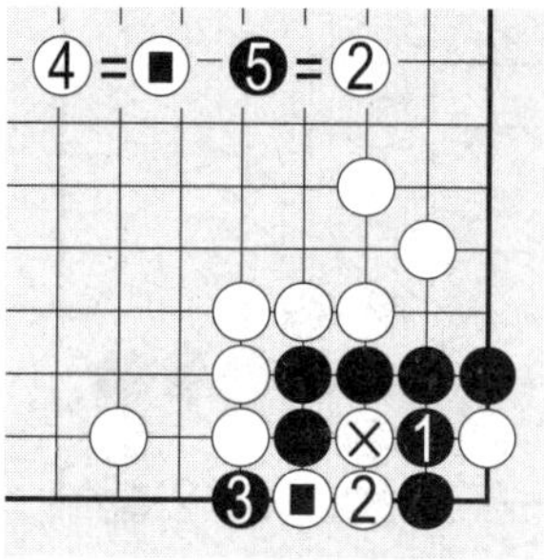

题 219 2/3 变化

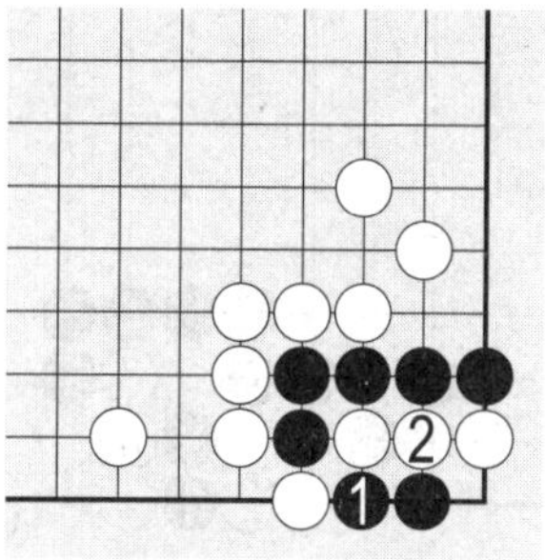

题 219 3/3 失败

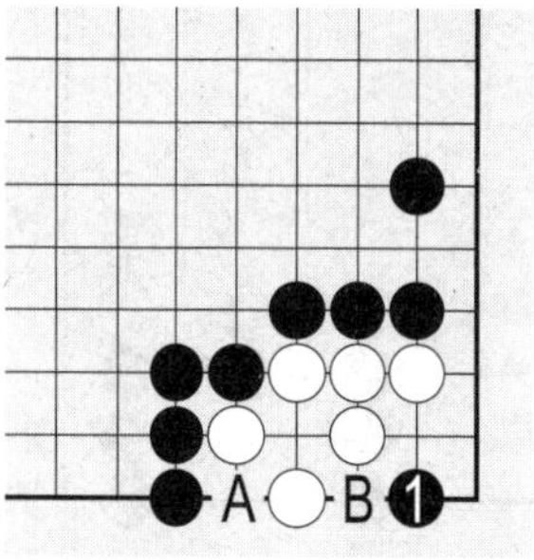

题 220 1/6 正解

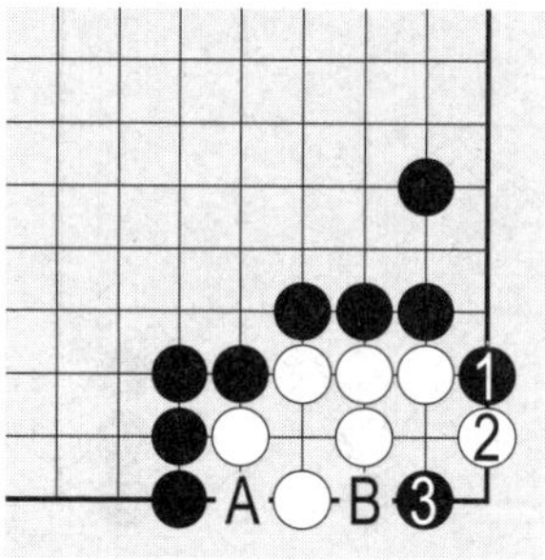

题 220 2/6 正解

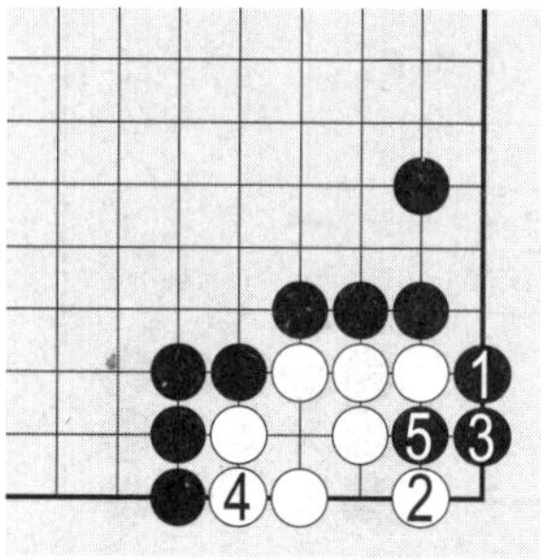

题 220 3/6 变化

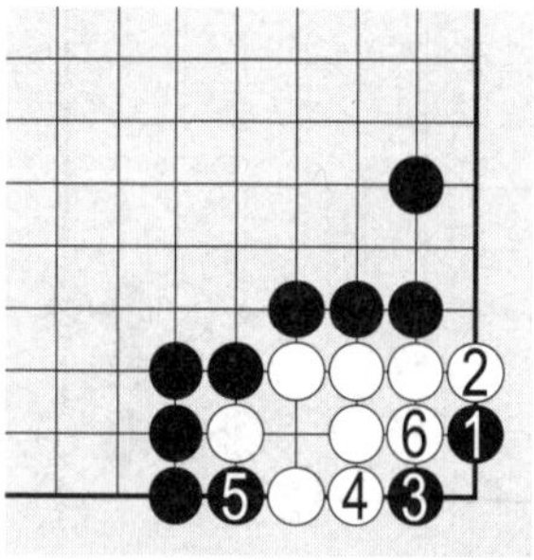

题 220 4/6 失败

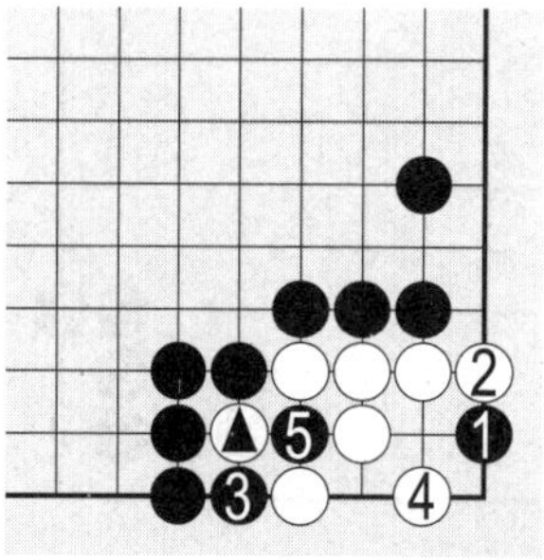

题 220 5/6 失败 劫

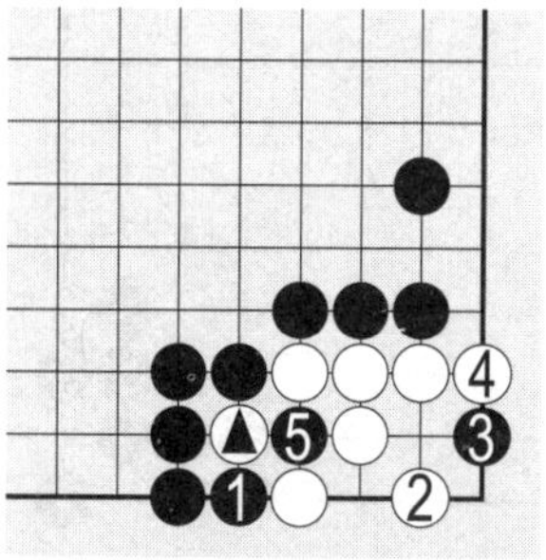

题 220 6/6 失败 劫

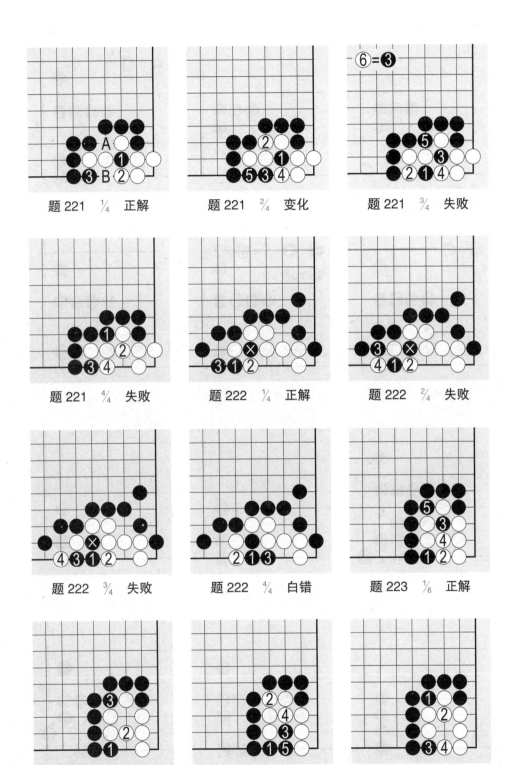

題221　¼　正解　　題221　²⁄₄　変化　　題221　³⁄₄　失敗

題221　⁴⁄₄　失敗　　題222　¼　正解　　題222　²⁄₄　失敗

題222　³⁄₄　失敗　　題222　⁴⁄₄　白錯　　題223　⅙　正解

題223　²⁄₆　変化　　題223　³⁄₆　変化　　題223　⁴⁄₆　失敗

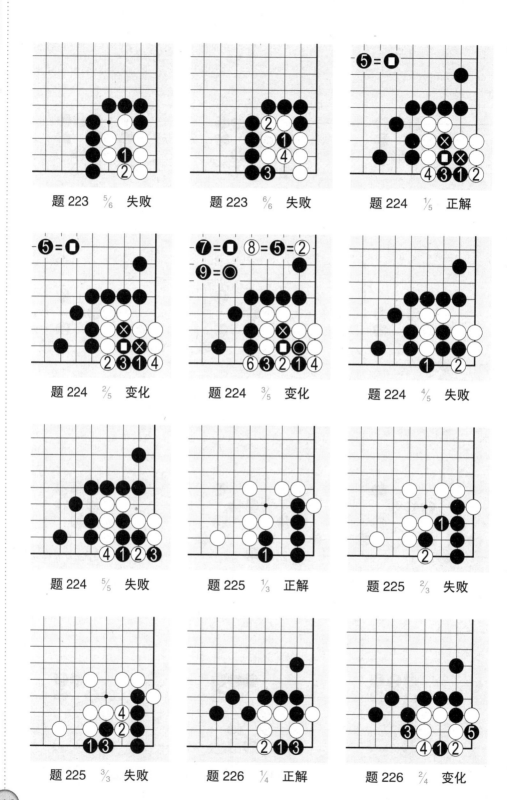

题223 ⁵⁄₆ 失败　　　题223 ⁶⁄₆ 失败　　　题224 ¹⁄₅ 正解

题224 ²⁄₅ 变化　　　题224 ³⁄₅ 变化　　　题224 ⁴⁄₅ 失败

题224 ⁵⁄₅ 失败　　　题225 ¹⁄₃ 正解　　　题225 ²⁄₃ 失败

题225 ³⁄₃ 失败　　　题226 ¹⁄₄ 正解　　　题226 ²⁄₄ 变化

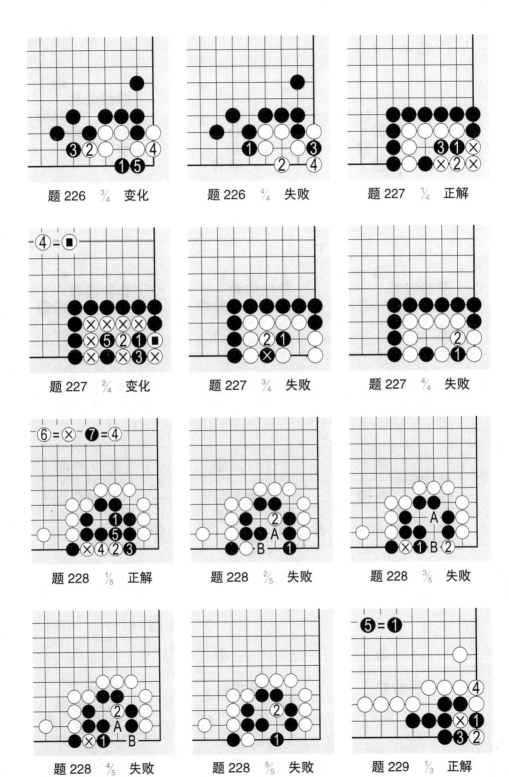

题 226 ³⁄₄ 变化　　　题 226 ⁴⁄₄ 失败　　　题 227 ¹⁄₄ 正解

题 226 ³⁄₄　变化　　　题 226 ⁴⁄₄　失败　　　题 227 ¹⁄₄　正解

题 227 ²⁄₄　变化　　　题 227 ³⁄₄　失败　　　题 227 ⁴⁄₄　失败

题 228 ¹⁄₅　正解　　　题 228 ²⁄₅　失败　　　题 228 ³⁄₅　失败

题 228 ⁴⁄₅　失败　　　题 228 ⁵⁄₅　失败　　　题 229 ¹⁄₃　正解

自测题

参考答案

117

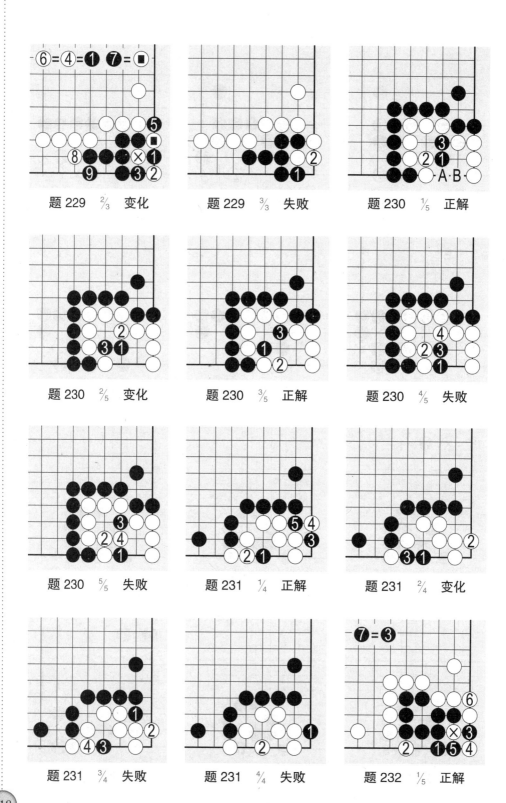

⑥=④=❶ ⑦=▣

题229 ²⁄₃ 变化　　　　题229 ³⁄₃ 失败　　　　题230 ¹⁄₅ 正解

题230 ²⁄₅ 变化　　　　题230 ³⁄₅ 正解　　　　题230 ⁴⁄₅ 失败

题230 ⁵⁄₅ 失败　　　　题231 ¹⁄₄ 正解　　　　题231 ²⁄₄ 变化

题231 ³⁄₄ 失败　　　　题231 ⁴⁄₄ 失败　　　　题232 ¹⁄₅ 正解

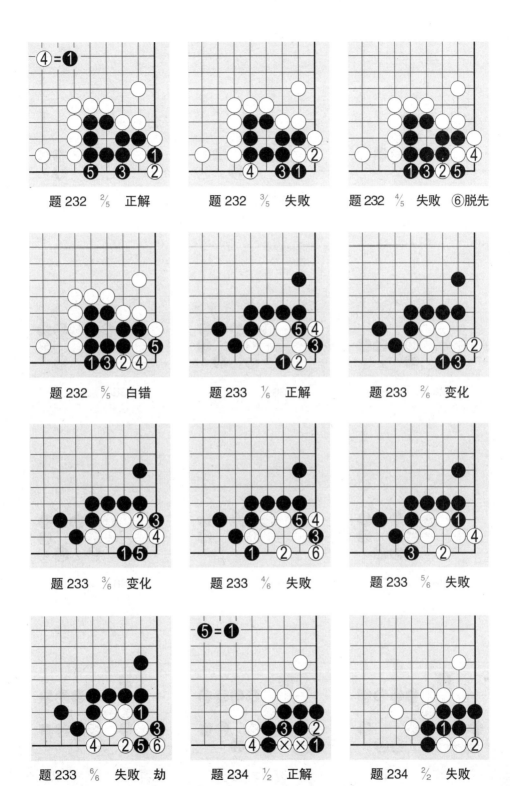

题232 2/5 正解

题232 3/5 失败

题232 4/5 失败 ⑥脱先

题232 5/5 白错

题233 1/6 正解

题233 2/6 变化

题233 3/6 变化

题233 4/6 失败

题233 5/6 失败

题233 6/6 失败 劫

题234 1/2 正解

题234 2/2 失败

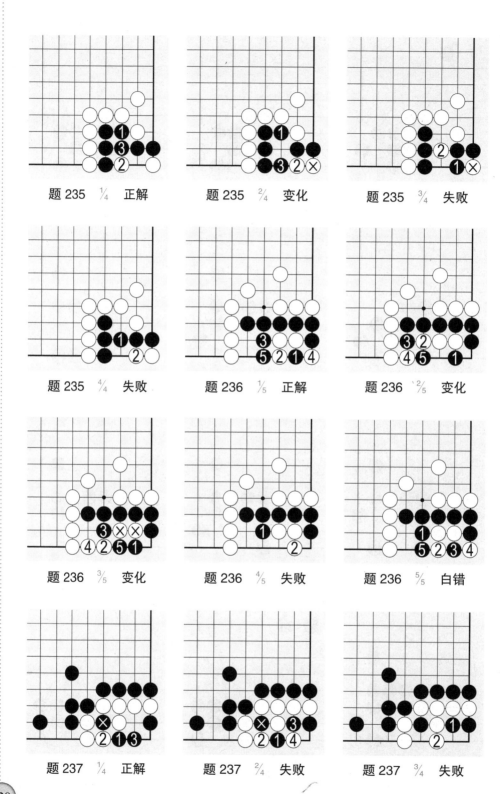

题235 ¹⁄₄　正解　　　题235 ²⁄₄　变化　　　题235 ³⁄₄　失败

题235 ⁴⁄₄　失败　　　题236 ¹⁄₅　正解　　　题236 ²⁄₅　变化

题236 ³⁄₅　变化　　　题236 ⁴⁄₅　失败　　　题236 ⁵⁄₅　白错

题237 ¹⁄₄　正解　　　题237 ²⁄₄　失败　　　题237 ³⁄₄　失败

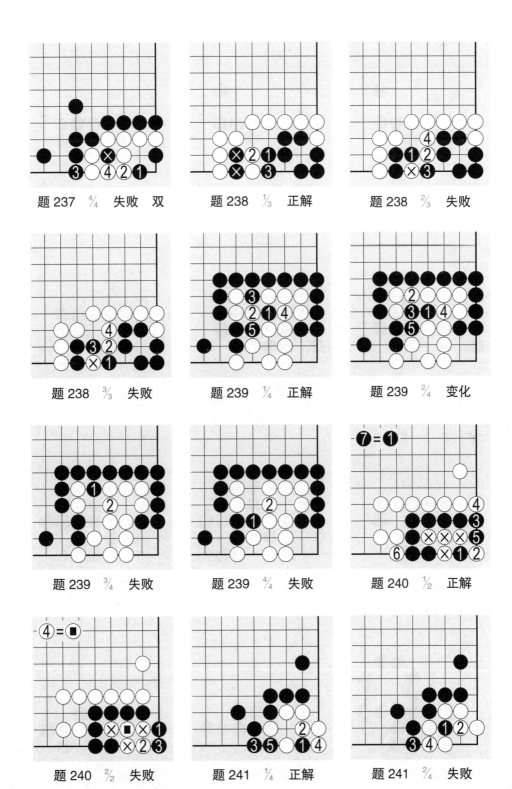

題237 4/4 失敗 双

題238 1/3 正解

題238 2/3 失敗

題238 3/3 失敗

題239 1/4 正解

題239 2/4 変化

題239 3/4 失敗

題239 4/4 失敗

題240 1/2 正解

題240 2/2 失敗

題241 1/4 正解

題241 2/4 失敗

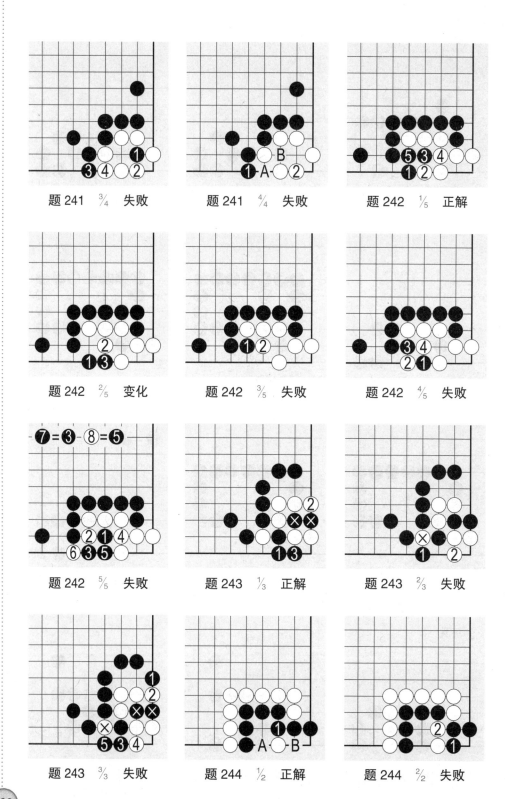

题241 ³⁄₄ 失败　　　题241 ⁴⁄₄ 失败　　　题242 ¹⁄₅ 正解

题242 ²⁄₅ 变化　　　题242 ³⁄₅ 失败　　　题242 ⁴⁄₅ 失败

题242 ⁵⁄₅ 失败　　　题243 ¹⁄₃ 正解　　　题243 ²⁄₃ 失败

题243 ³⁄₃ 失败　　　题244 ¹⁄₂ 正解　　　题244 ²⁄₂ 失败

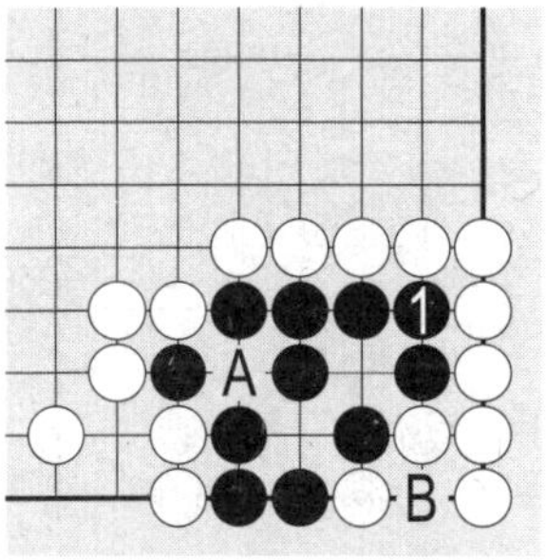

题 245　1/3　正解

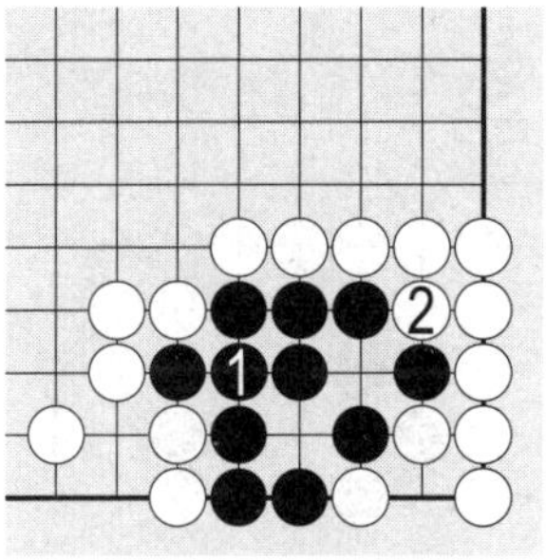

题 245　2/3　失败

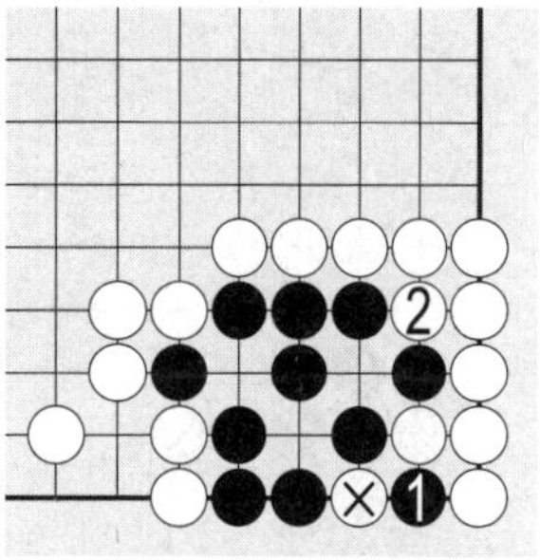

题 245　3/3　失败

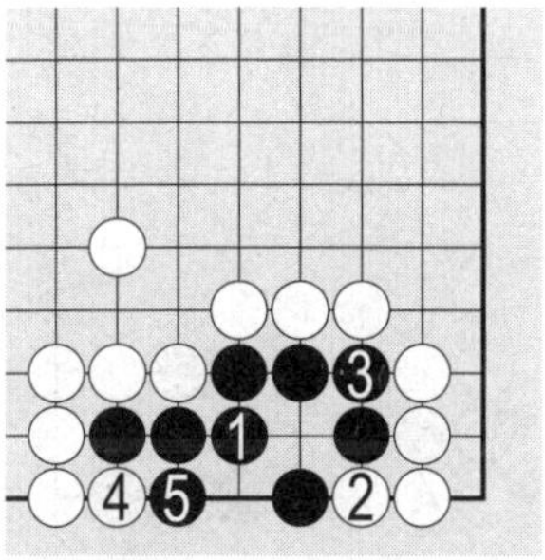

题 246　1/6　正解

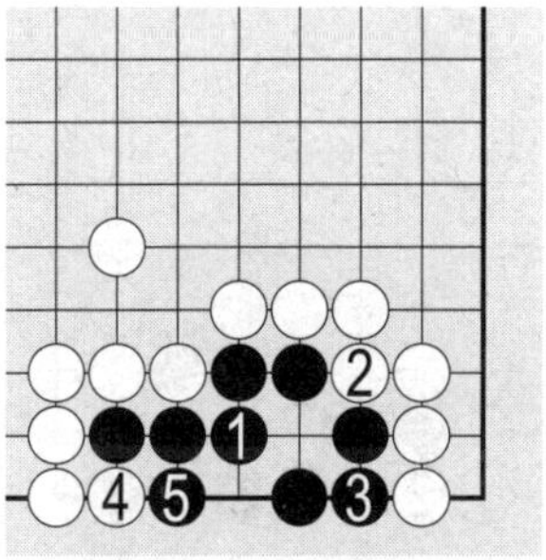

题 246　2/6　变化

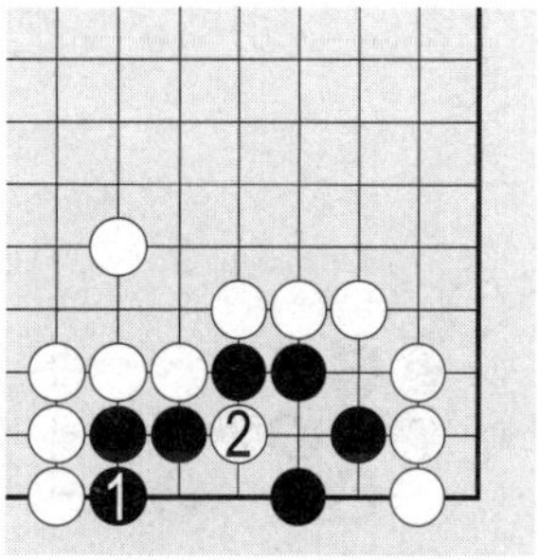

题 246　3/6　失败

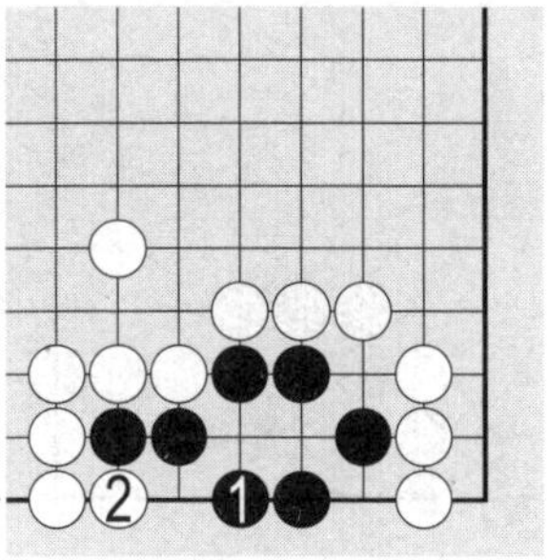

题 246　4/6　失败

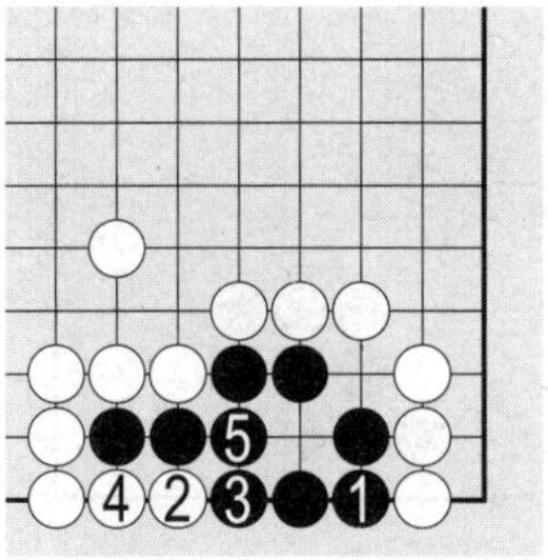

题 246　5/6　失败

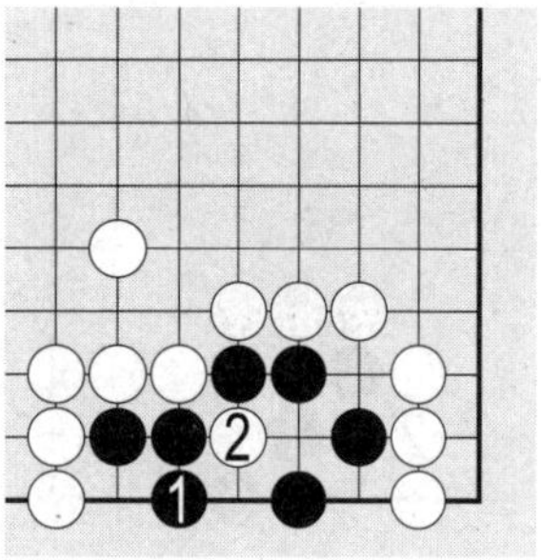

题 246　6/6　失败

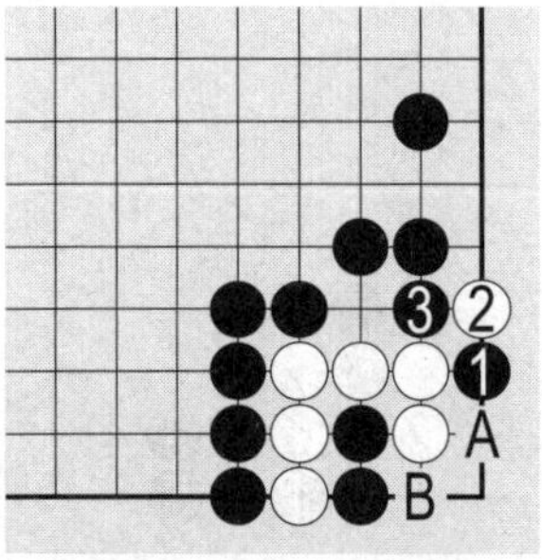

题 247　1/3　正解

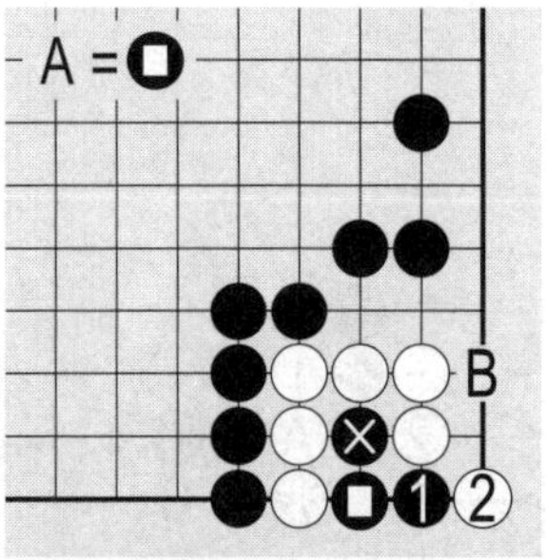

题 247　2/3　失败

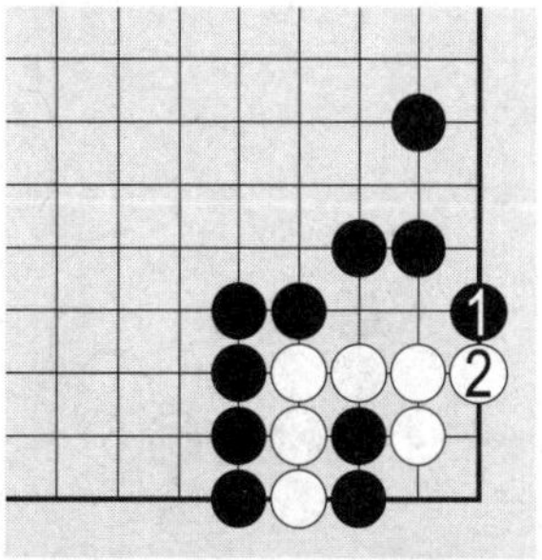

题 247　3/3　失败

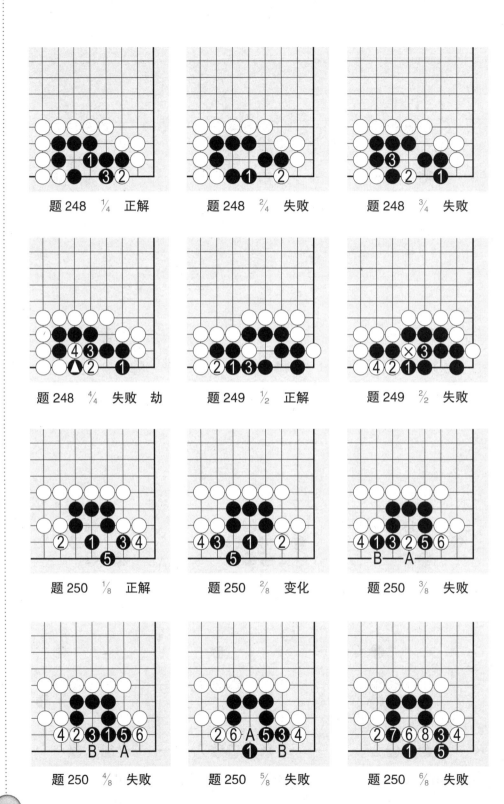

题248 ¼ 正解　　　题248 ²⁄₄ 失败　　　题248 ³⁄₄ 失败

题248 ⁴⁄₄ 失败 劫　　题249 ½ 正解　　　题249 ²⁄₂ 失败

题250 ⅛ 正解　　　题250 ²⁄₈ 变化　　　题250 ³⁄₈ 失败

题250 ⁴⁄₈ 失败　　　题250 ⁵⁄₈ 失败　　　题250 ⁶⁄₈ 失败

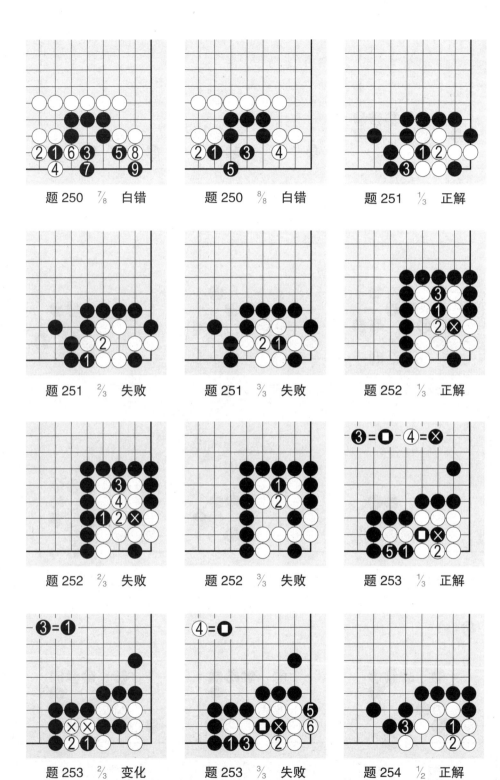

題250 7/8 白错　　題250 8/8 白错　　題251 1/3 正解

題251 2/3 失败　　題251 3/3 失败　　題252 1/3 正解

題252 2/3 失败　　題252 3/3 失败　　題253 1/3 正解

③=■ ④=☒

③=① 　　　④=■

題253 2/3 变化　　題253 3/3 失败　　題254 1/2 正解

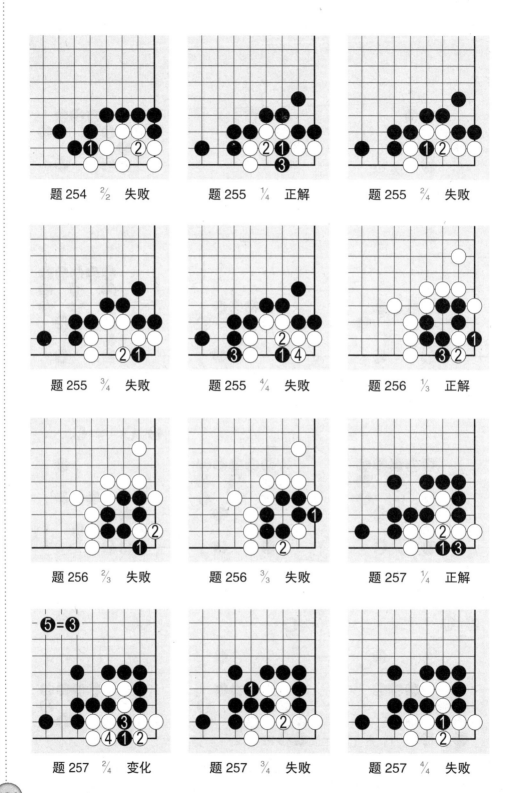

题 254 ²⁄₂ 失败　　题 255 ¹⁄₄ 正解　　题 255 ²⁄₄ 失败

题 255 ³⁄₄ 失败　　题 255 ⁴⁄₄ 失败　　题 256 ¹⁄₃ 正解

题 256 ²⁄₃ 失败　　题 256 ³⁄₃ 失败　　题 257 ¹⁄₄ 正解

题 257 ²⁄₄ 变化　　题 257 ³⁄₄ 失败　　题 257 ⁴⁄₄ 失败

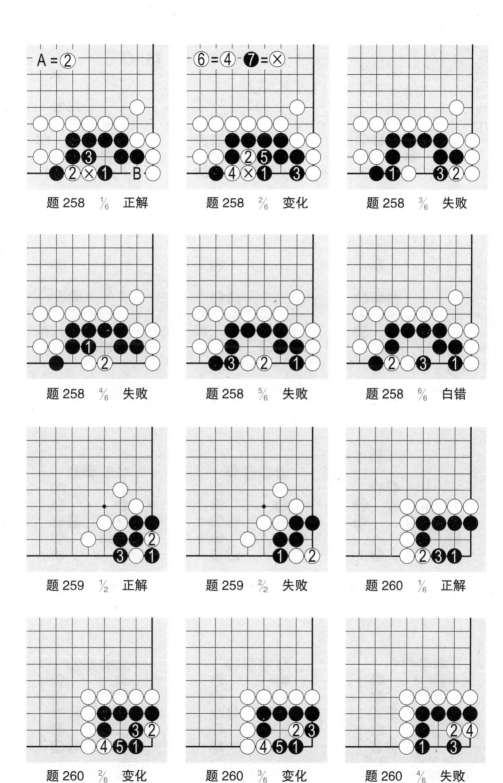

題258 ¹⁄₆ 正解　　　題258 ²⁄₆ 変化　　　題258 ³⁄₆ 失敗

題258 ⁴⁄₆ 失敗　　　題258 ⁵⁄₆ 失敗　　　題258 ⁶⁄₆ 白错

題259 ¹⁄₂ 正解　　　題259 ²⁄₂ 失敗　　　題260 ¹⁄₆ 正解

題260 ²⁄₆ 変化　　　題260 ³⁄₆ 変化　　　題260 ⁴⁄₆ 失敗

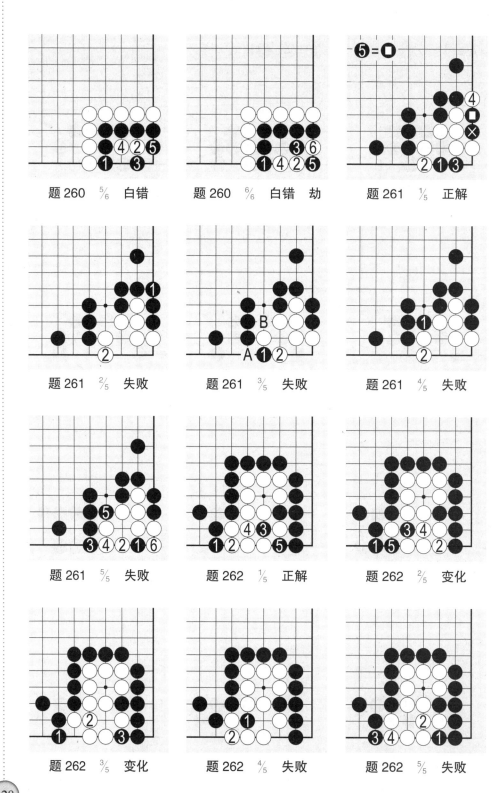

題260 5/6 白錯　　　題260 6/6 白錯　劫　　　題261 1/5 正解

5=□

題261 2/5 失敗　　　題261 3/5 失敗　　　題261 4/5 失敗

題261 5/5 失敗　　　題262 1/5 正解　　　題262 2/5 變化

題262 3/5 變化　　　題262 4/5 失敗　　　題262 5/5 失敗

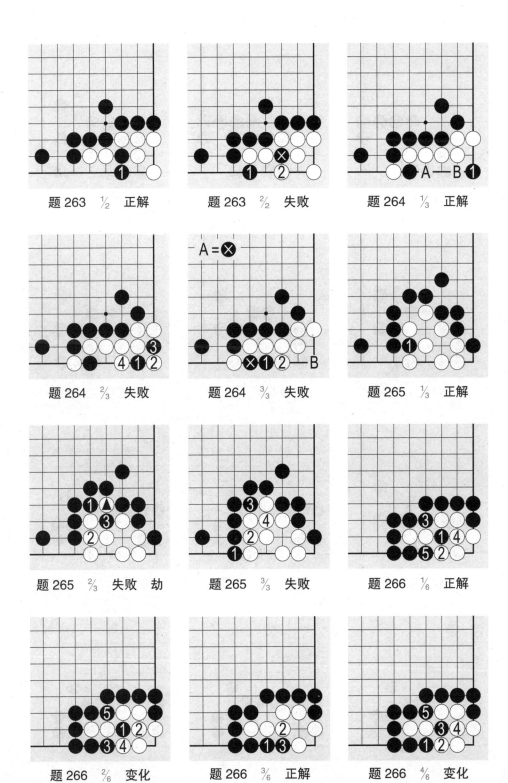

題 263　1/2　正解

題 263　2/2　失敗

題 264　1/3　正解

題 264　2/3　失敗

題 264　3/3　失敗　A＝⊗

題 265　1/3　正解

題 265　2/3　失敗　劫

題 265　3/3　失敗

題 266　1/6　正解

題 266　2/6　変化

題 266　3/6　正解

題 266　4/6　変化

参考答案

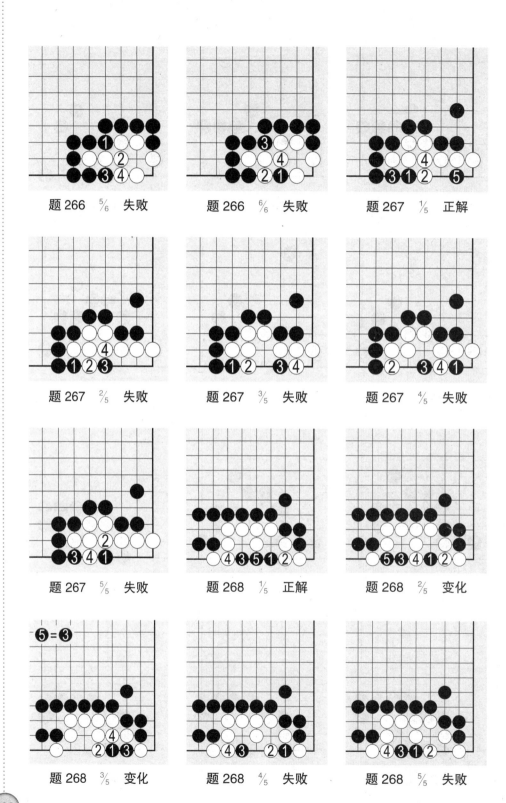

题266 ⁵⁄₆ 失败　　　题266 ⁶⁄₆ 失败　　　题267 ⅕ 正解

题267 ²⁄₅ 失败　　　题267 ³⁄₅ 失败　　　题267 ⁴⁄₅ 失败

题267 ⁵⁄₅ 失败　　　题268 ⅕ 正解　　　题268 ²⁄₅ 变化

题268 ³⁄₅ 变化　　　题268 ⁴⁄₅ 失败　　　题268 ⁵⁄₅ 失败

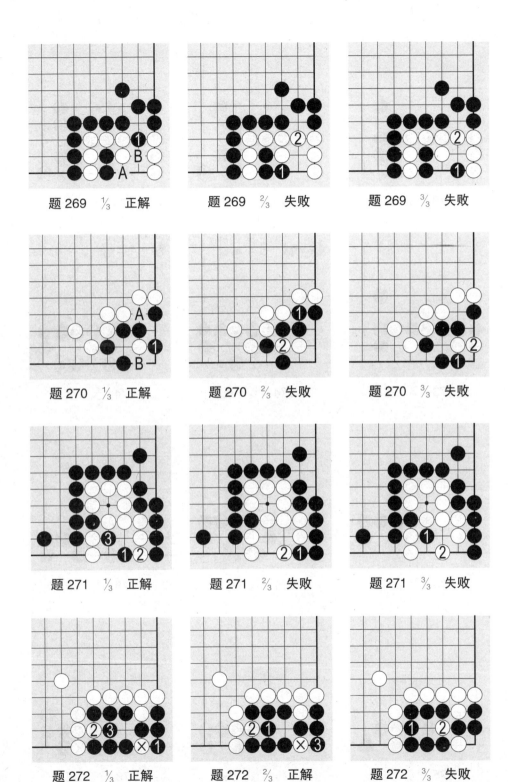

題 269 ⅓ 正解　　　　　題 269 ⅔ 失敗　　　　　題 269 ⅓ 失敗

題 270 ⅓ 正解　　　　　題 270 ⅔ 失敗　　　　　題 270 ⅓ 失敗

題 271 ⅓ 正解　　　　　題 271 ⅔ 失敗　　　　　題 271 ⅓ 失敗

題 272 ⅓ 正解　　　　　題 272 ⅔ 正解　　　　　題 272 ⅓ 失敗

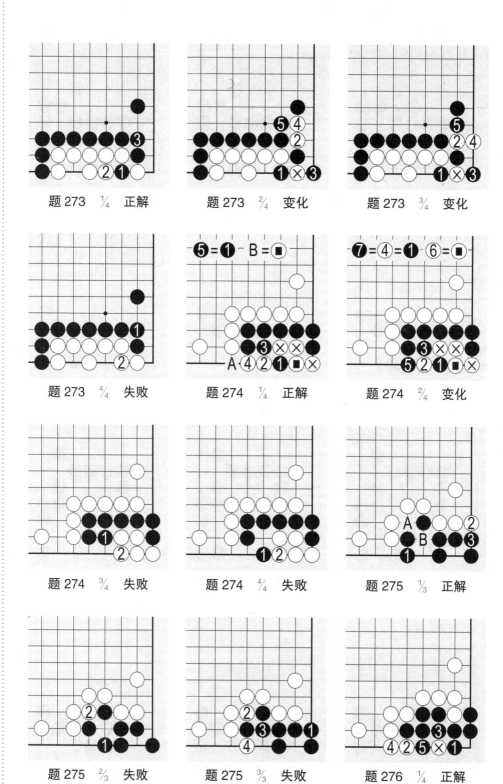

题273 ¼ 正解　　　题273 ²⁄₄ 变化　　　题273 ¾ 变化

题273 ⁴⁄₄ 失败　　　题274 ¼ 正解　　　题274 ²⁄₄ 变化

题274 ¾ 失败　　　题274 ⁴⁄₄ 失败　　　题275 ⅓ 正解

题275 ⅔ 失败　　　题275 ⅓ 失败　　　题276 ¼ 正解

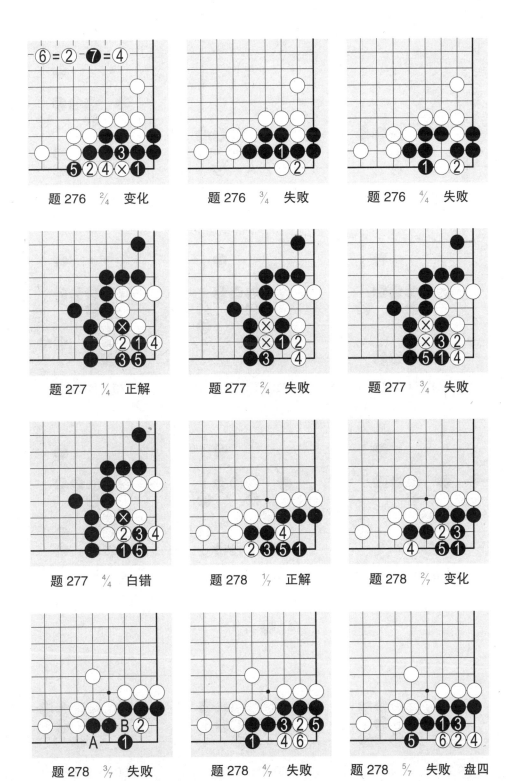

題276 ²/₄ 变化　　題276 ³/₄ 失败　　題276 ⁴/₄ 失败

題277 ¹/₄ 正解　　題277 ²/₄ 失败　　題277 ³/₄ 失败

題277 ⁴/₄ 白错　　題278 ¹/₇ 正解　　題278 ²/₇ 变化

題278 ³/₇ 失败　　題278 ⁴/₇ 失败　　題278 ⁵/₇ 失败　盘四

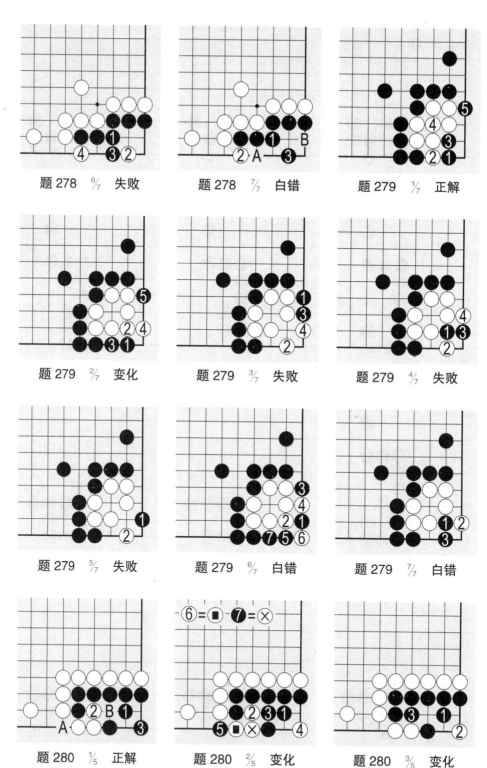

题278　6/7　失败　　　　题278　7/7　白错　　　　题279　1/7　正解

题279　2/7　变化　　　　题279　3/7　失败　　　　题279　4/7　失败

题279　5/7　失败　　　　题279　6/7　白错　　　　题279　7/7　白错

⑥=■　❼=✕

题280　1/5　正解　　　　题280　2/5　变化　　　　题280　3/5　变化

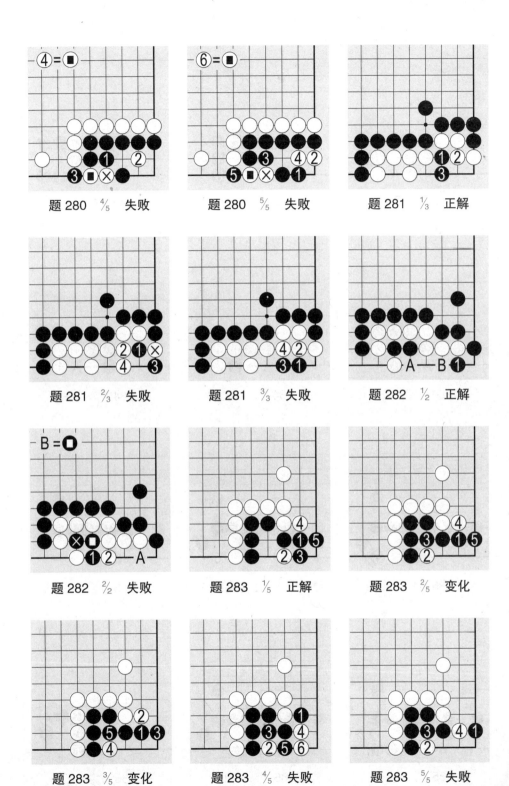

④=■

题280 ⁴/₅　失败

⑥=■

题280 ⁵/₅　失败

题281 ⅓　正解

题281 ²/₃　失败

题281 ³/₃　失败

题282 ½　正解

B=❏

题282 ²/₂　失败

题283 ⅕　正解

题283 ²/₅　变化

题283 ³/₅　变化

题283 ⁴/₅　失败

题283 ⁵/₅　失败

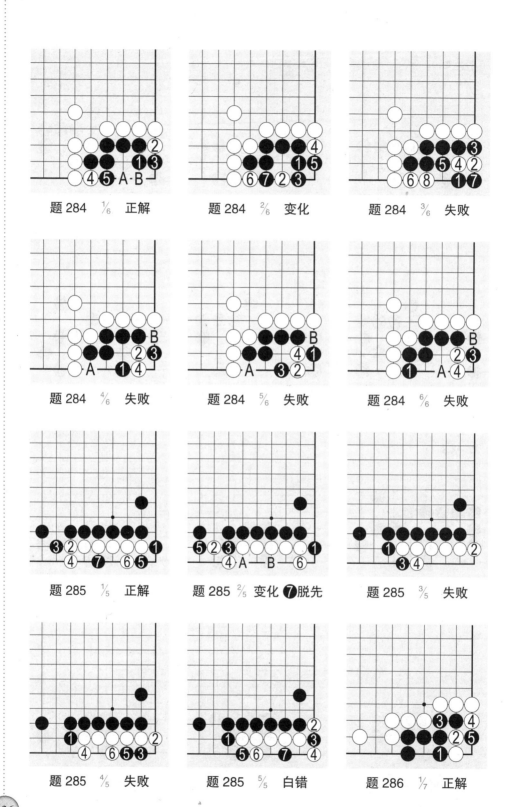

题284 1/6 正解　　题284 2/6 变化　　题284 3/6 失败

题284 4/6 失败　　题284 5/6 失败　　题284 6/6 失败

题285 1/5 正解　　题285 2/5 变化 ❼脱先　　题285 3/5 失败

题285 4/5 失败　　题285 5/5 白错　　题286 1/7 正解

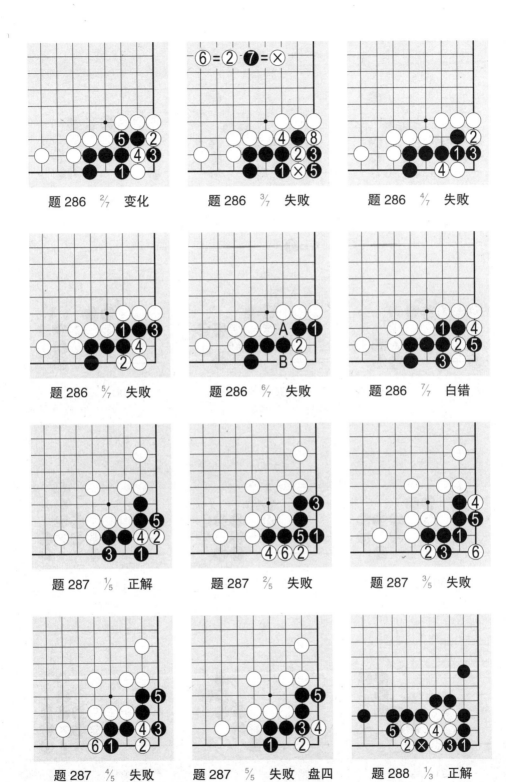

题286 2/7 变化

题286 3/7 失败

题286 4/7 失败

题286 5/7 失败

题286 6/7 失败

题286 7/7 白错

题287 1/5 正解

题287 2/5 失败

题287 3/5 失败

题287 4/5 失败

题287 5/5 失败 盘四

题288 1/3 正解

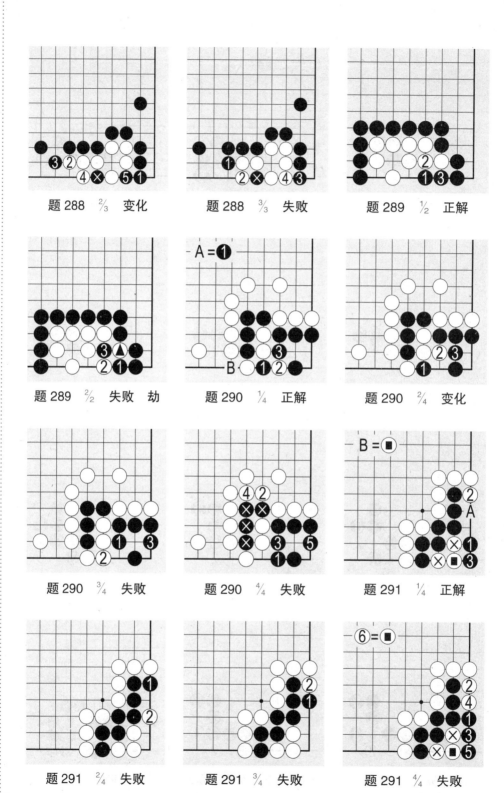

题288 ²/₃ 变化　　　　题288 ³/₃ 失败　　　　题289 ¹/₂ 正解

题289 ²/₂ 失败 劫　　　题290 ¹/₄ 正解　　　　题290 ²/₄ 变化

A = ❶

B

题290 ³/₄ 失败　　　　题290 ⁴/₄ 失败　　　　题291 ¹/₄ 正解

B = ◼

A

题291 ²/₄ 失败　　　　题291 ³/₄ 失败　　　　题291 ⁴/₄ 失败

6 = ◼

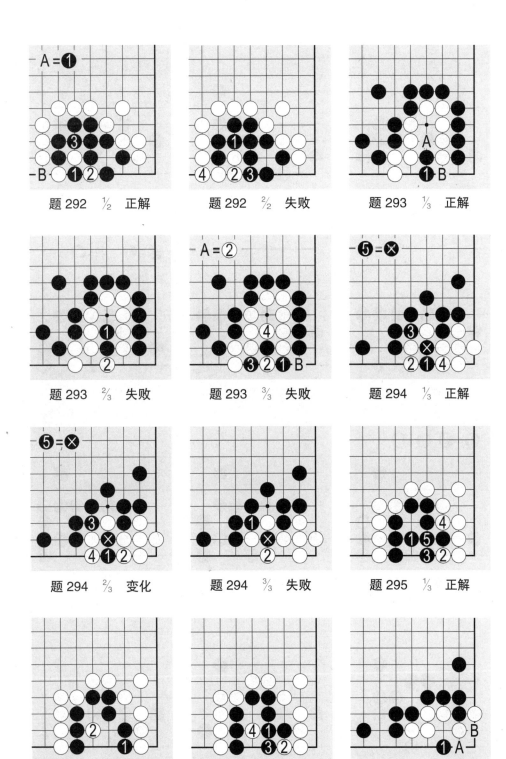

題 292　½　正解　　　題 292　2/2　失敗　　　題 293　⅓　正解

題 293　2/3　失敗　　　題 293　3/3　失敗　　　題 294　⅓　正解

題 294　2/3　変化　　　題 294　3/3　失敗　　　題 295　⅓　正解

題 295　2/3　失敗　　　題 295　3/3　失敗　　　題 296　⅓　正解

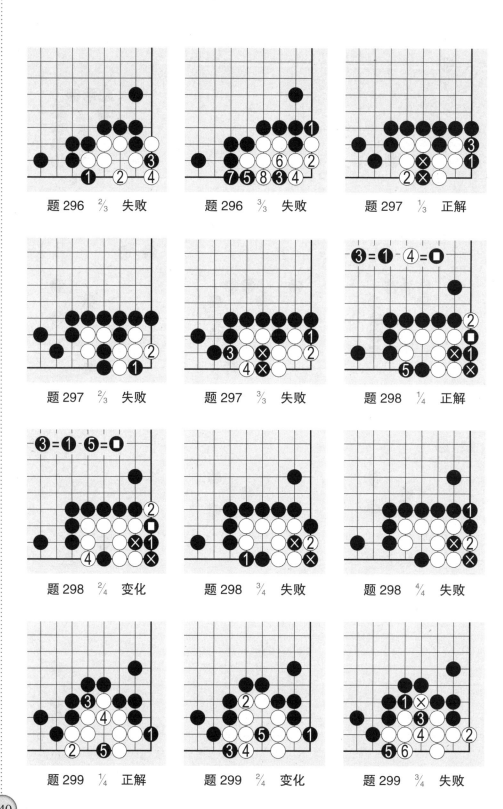

题296 ²∕₃ 失败　　　题296 ³∕₃ 失败　　　题297 ¹∕₃ 正解

题297 ²∕₃ 失败　　　题297 ³∕₃ 失败　　　题298 ¼ 正解

题298 ²∕₄ 变化　　　题298 ³∕₄ 失败　　　题298 ⁴∕₄ 失败

题299 ¼ 正解　　　题299 ²∕₄ 变化　　　题299 ³∕₄ 失败

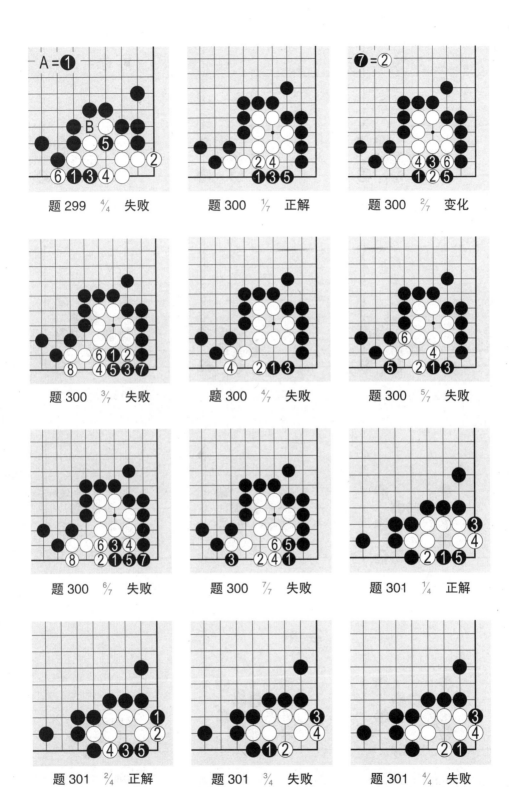

题299　⁴/₄　失败　　　　题300　¹/₇　正解　　　　题300　²/₇　变化

题300　³/₇　失败　　　　题300　⁴/₇　失败　　　　题300　⁵/₇　失败

题300　⁶/₇　失败　　　　题300　⁷/₇　失败　　　　题301　¹/₄　正解

题301　²/₄　正解　　　　题301　³/₄　失败　　　　题301　⁴/₄　失败

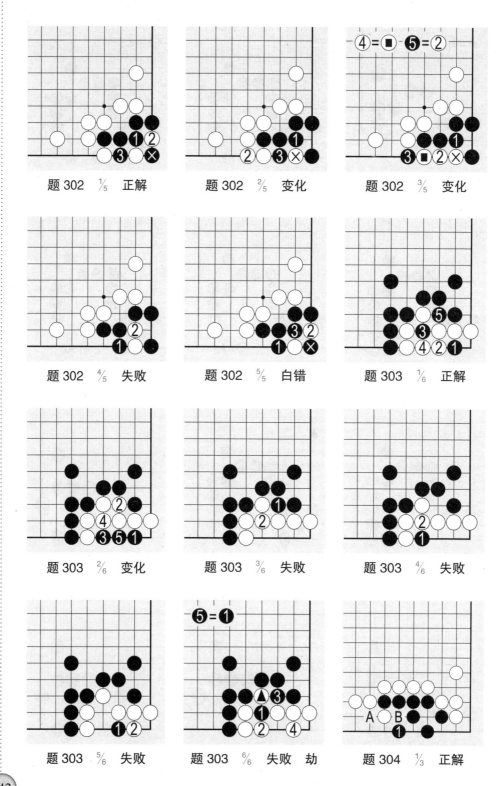

題302 ¹/₅ 正解　　　　題302 ²/₅ 変化　　　　題302 ³/₅ 変化

④＝◪ ⑤＝②

題302 ⁴/₅ 失敗　　　　題302 ⁵/₅ 白錯　　　　題303 ¹/₆ 正解

題303 ²/₆ 変化　　　　題303 ³/₆ 失敗　　　　題303 ⁴/₆ 失敗

⑤＝❶

題303 ⁵/₆ 失敗　　　　題303 ⁶/₆ 失敗 劫　　　題304 ¹/₃ 正解

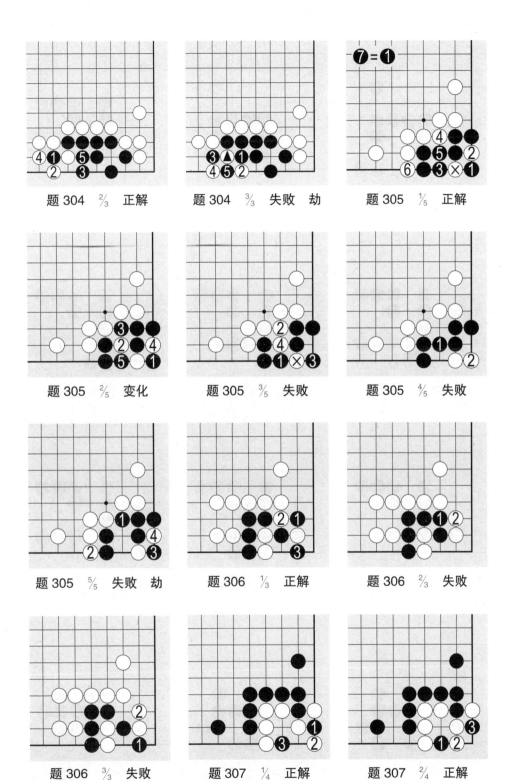

题 304　²/₃　正解

题 304　³/₃　失败　劫

题 305　¹/₅　正解

题 305　²/₅　变化

题 305　³/₅　失败

题 305　⁴/₅　失败

题 305　⁵/₅　失败　劫

题 306　¹/₃　正解

题 306　²/₃　失败

题 306　³/₃　失败

题 307　¹/₄　正解

题 307　²/₄　正解

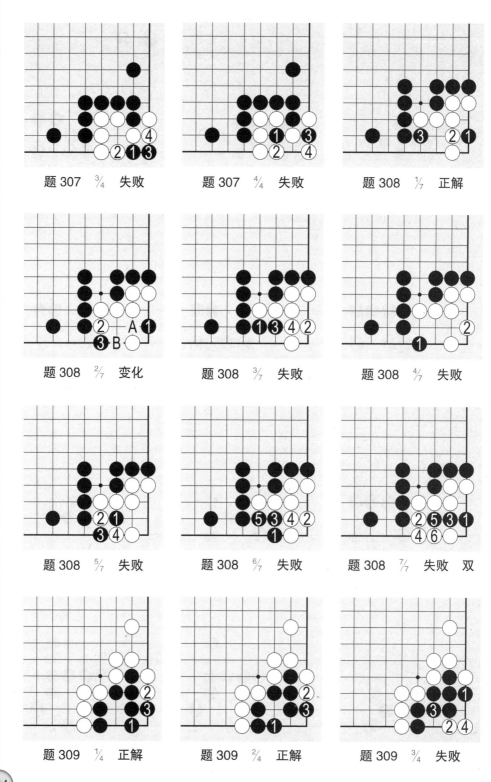

题307 ¾ 失败　　　题307 ⁴⁄₄ 失败　　　题308 ⅟₇ 正解

题308 ²⁄₇ 变化　　　题308 ³⁄₇ 失败　　　题308 ⁴⁄₇ 失败

题308 ⁵⁄₇ 失败　　　题308 ⁶⁄₇ 失败　　　题308 ⁷⁄₇ 失败 双

题309 ¼ 正解　　　题309 ²⁄₄ 正解　　　题309 ¾ 失败

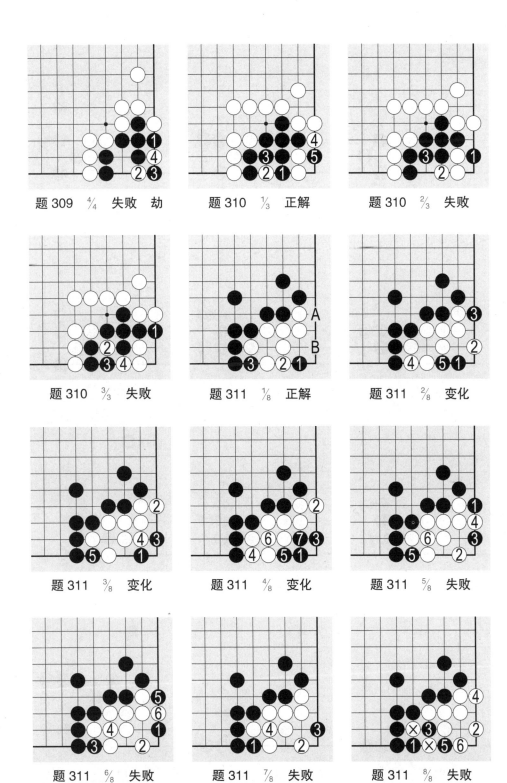

題309 ⁴/₄ 失败 劫　　題310 ¹/₃ 正解　　題310 ²/₃ 失败

題310 ³/₃ 失败　　題311 ¹/₈ 正解　　題311 ²/₈ 变化

題311 ³/₈ 变化　　題311 ⁴/₈ 变化　　題311 ⁵/₈ 失败

題311 ⁶/₈ 失败　　題311 ⁷/₈ 失败　　題311 ⁸/₈ 失败

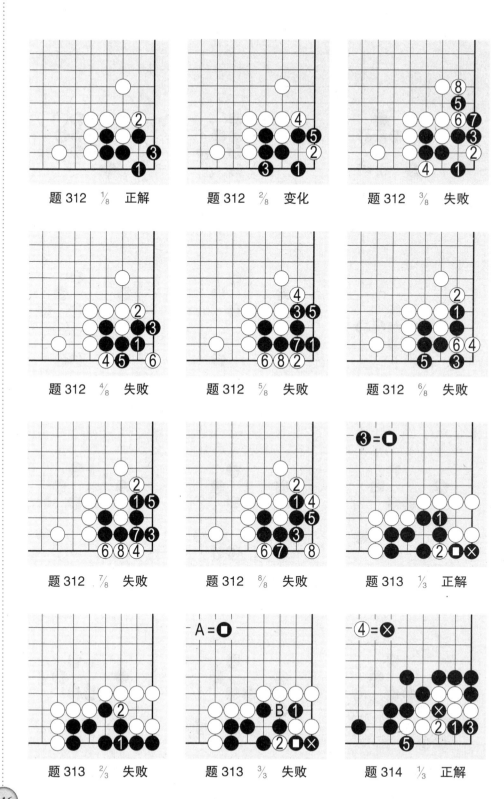

题312 1/8 正解　　　题312 2/8 变化　　　题312 3/8 失败

题312 4/8 失败　　　题312 5/8 失败　　　题312 6/8 失败

题312 7/8 失败　　　题312 8/8 失败　　　❸=▣　　题313 1/3 正解

题313 2/3 失败　　　A=▣　　题313 3/3 失败　　　④=✕　　题314 1/3 正解

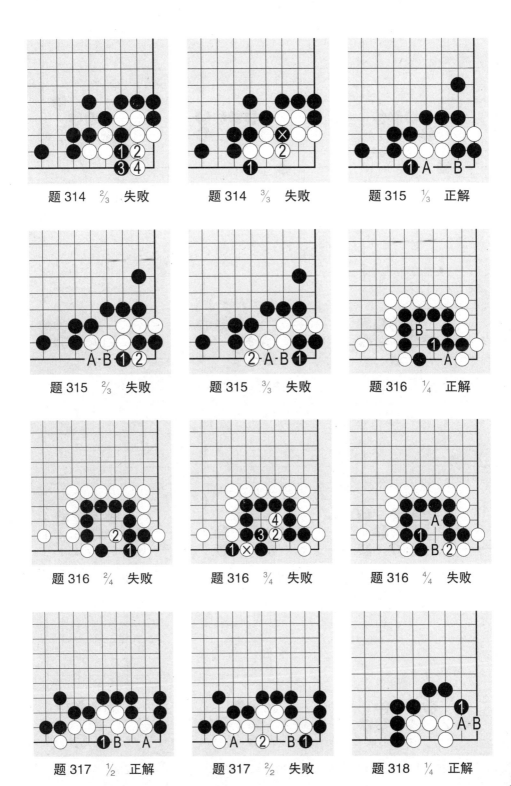

题314 ²/₃ 失败　　　　题314 ³/₃ 失败　　　　题315 ¹/₃ 正解

题315 ²/₃ 失败　　　　题315 ³/₃ 失败　　　　题316 ¹/₄ 正解

题316 ²/₄ 失败　　　　题316 ³/₄ 失败　　　　题316 ⁴/₄ 失败

题317 ¹/₂ 正解　　　　题317 ²/₂ 失败　　　　题318 ¹/₄ 正解

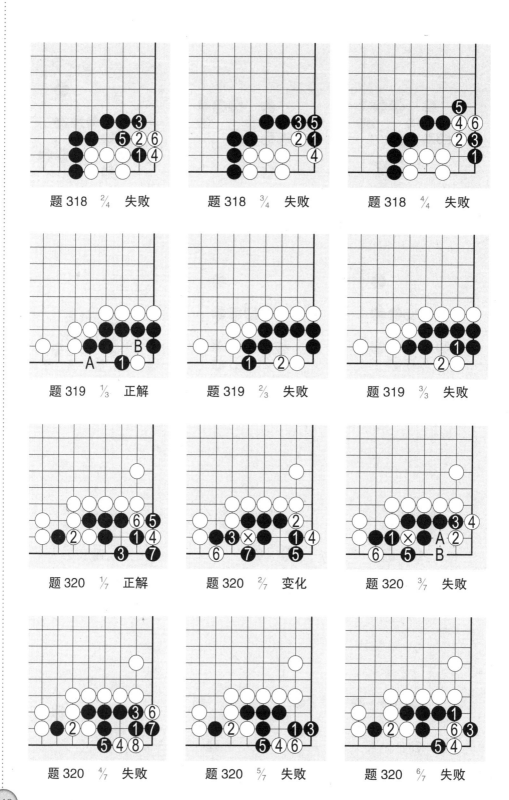

题318 ²⁄₄ 失败　　　题318 ³⁄₄ 失败　　　题318 ⁴⁄₄ 失败

题319 ¹⁄₃ 正解　　　题319 ²⁄₃ 失败　　　题319 ³⁄₃ 失败

题320 ¹⁄₇ 正解　　　题320 ²⁄₇ 变化　　　题320 ³⁄₇ 失败

题320 ⁴⁄₇ 失败　　　题320 ⁵⁄₇ 失败　　　题320 ⁶⁄₇ 失败

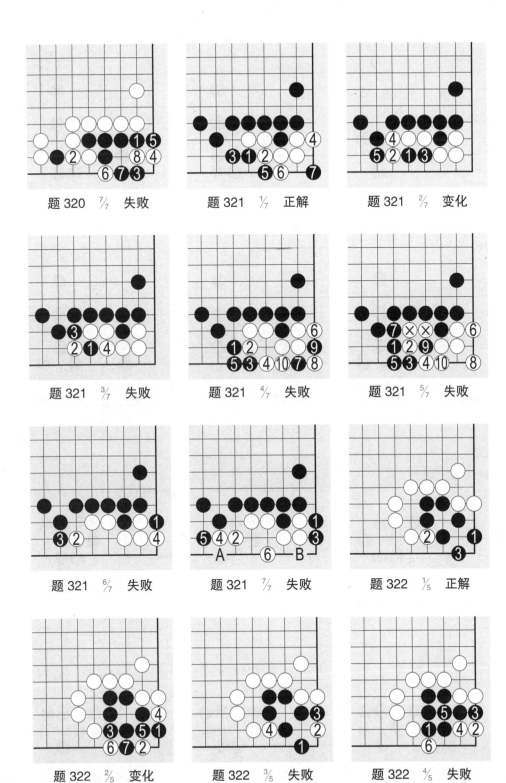

题 320 ⁷/₇ 失败　　　　题 321 ¹/₇ 正解　　　　题 321 ²/₇ 变化

题 321 ³/₇ 失败　　　　题 321 ⁴/₇ 失败　　　　题 321 ⁵/₇ 失败

题 321 ⁶/₇ 失败　　　　题 321 ⁷/₇ 失败　　　　题 322 ¹/₅ 正解

题 322 ²/₅ 变化　　　　题 322 ³/₅ 失败　　　　题 322 ⁴/₅ 失败

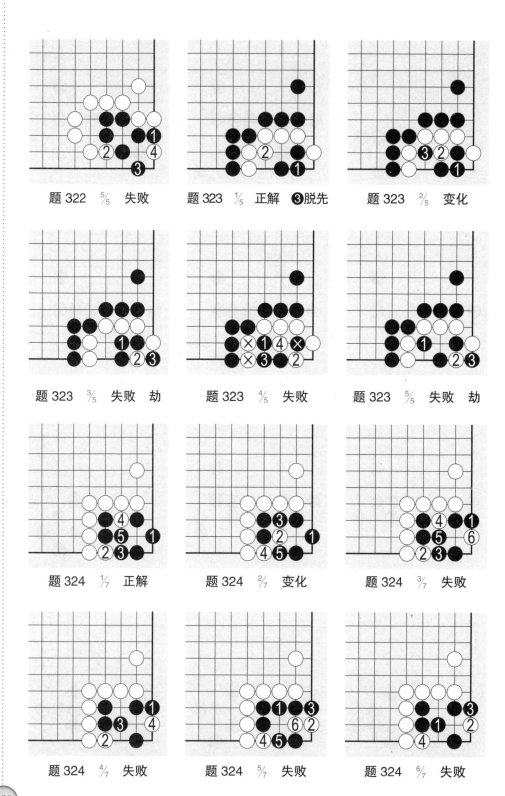

题 322 $\frac{5}{5}$ 失败　　　题 323 $\frac{1}{5}$ 正解 ❸脱先　　　题 323 $\frac{2}{5}$ 变化

题 323 $\frac{3}{5}$ 失败 劫　　　题 323 $\frac{4}{5}$ 失败　　　题 323 $\frac{5}{5}$ 失败 劫

题 324 $\frac{1}{7}$ 正解　　　题 324 $\frac{2}{7}$ 变化　　　题 324 $\frac{3}{7}$ 失败

题 324 $\frac{4}{7}$ 失败　　　题 324 $\frac{5}{7}$ 失败　　　题 324 $\frac{6}{7}$ 失败

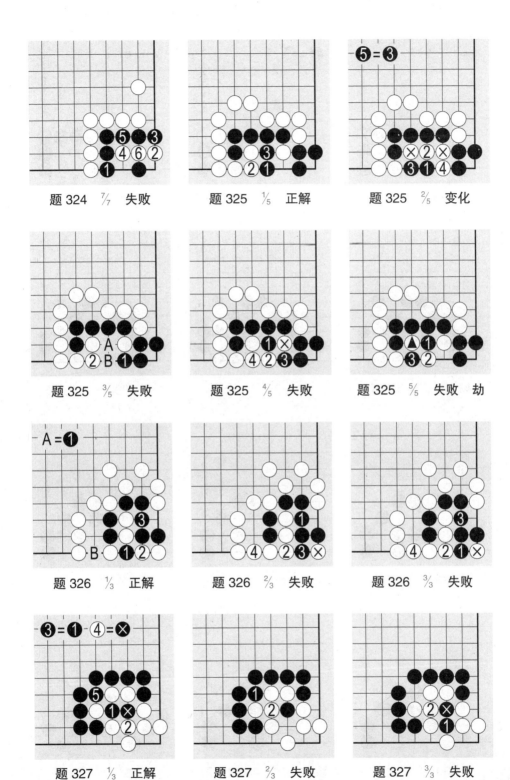

題 324 $\frac{7}{7}$ 失败

題 325 $\frac{1}{5}$ 正解

題 325 $\frac{2}{5}$ 变化

題 325 $\frac{3}{5}$ 失败

題 325 $\frac{4}{5}$ 失败

題 325 $\frac{5}{5}$ 失败 劫

題 326 $\frac{1}{3}$ 正解

題 326 $\frac{2}{3}$ 失败

題 326 $\frac{3}{3}$ 失败

題 327 $\frac{1}{3}$ 正解

題 327 $\frac{2}{3}$ 失败

題 327 $\frac{3}{3}$ 失败

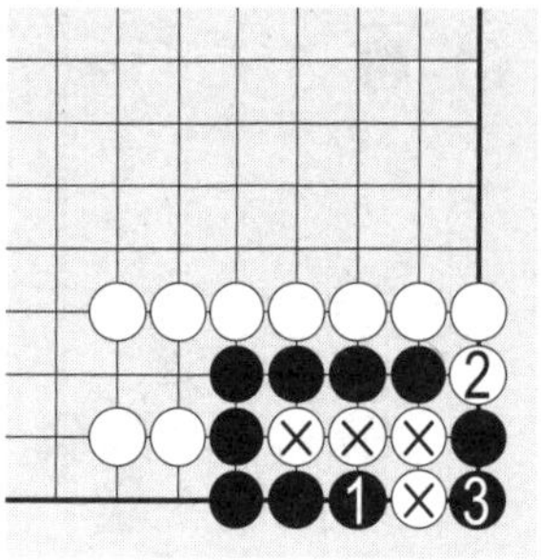

题 328　1/3　正解

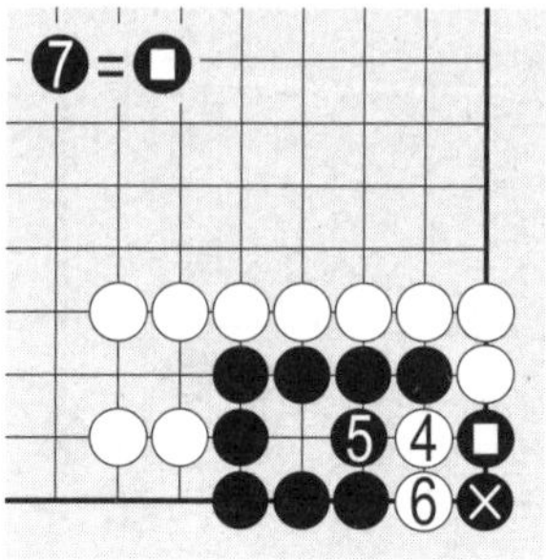

题 328　2/3　正解（续）

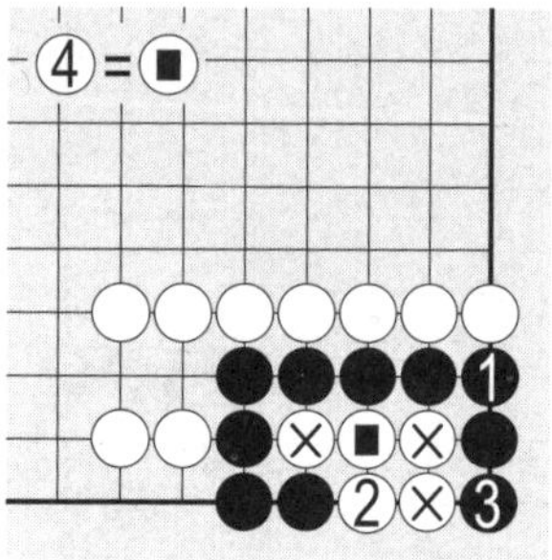

题 328　3/3　失败

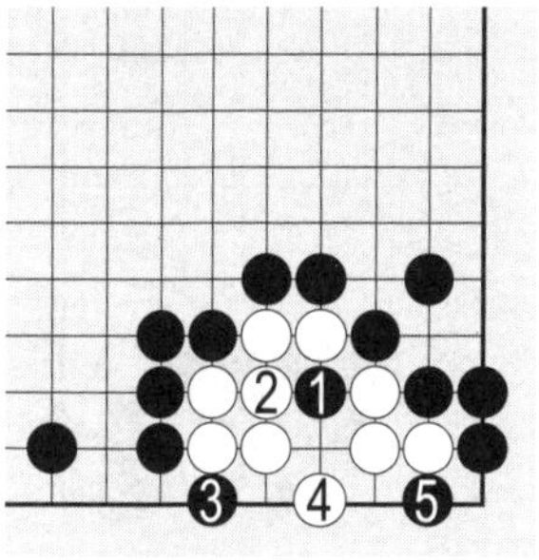

题 329　1/3　正解

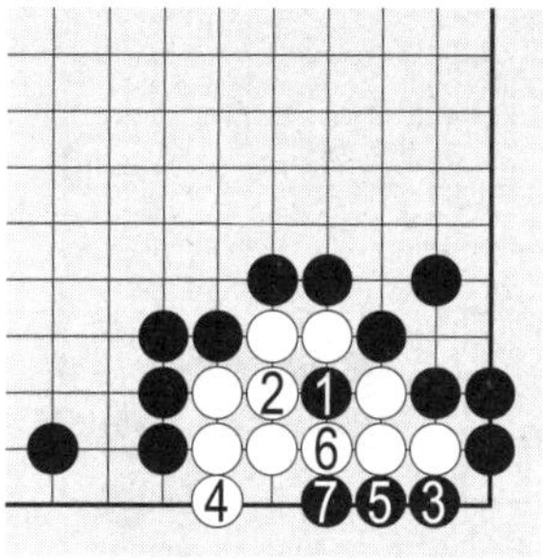

题 329　2/3　变化

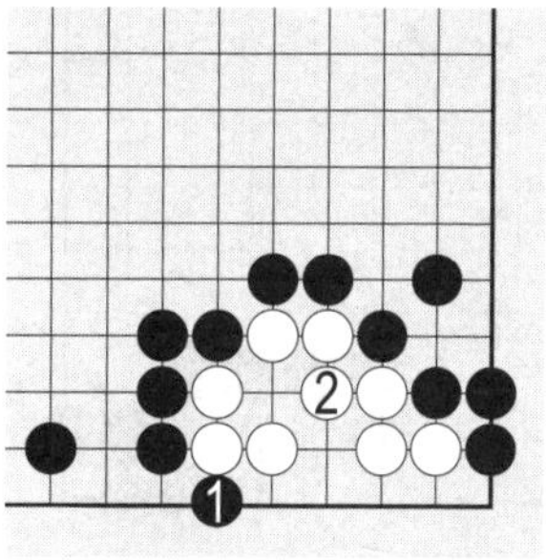

题 329　3/3　失败

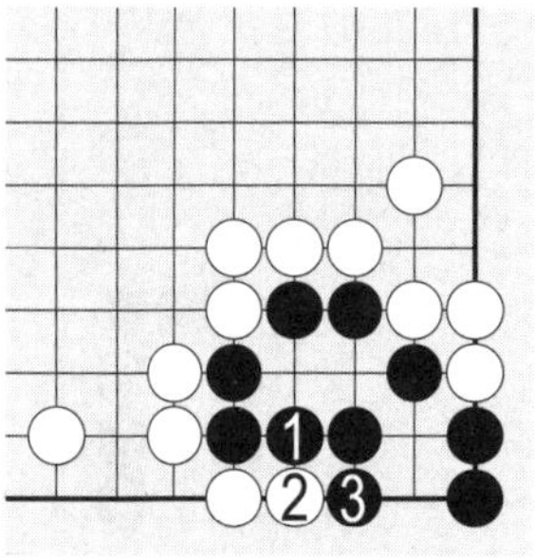

题 330　1/5　正解

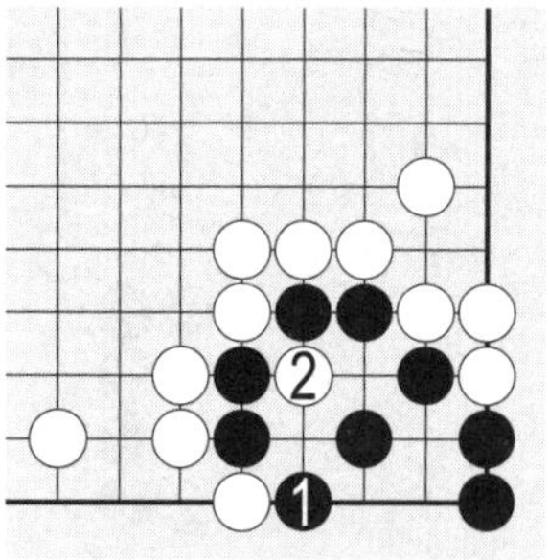

题 330　2/5　失败

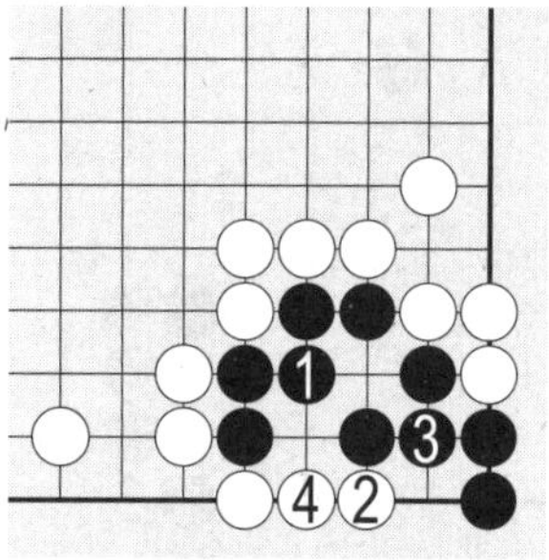

题 330　3/5　失败

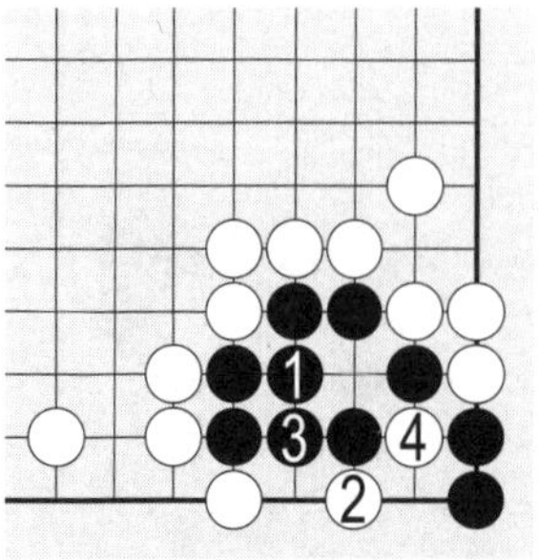

题 330　4/5　失败

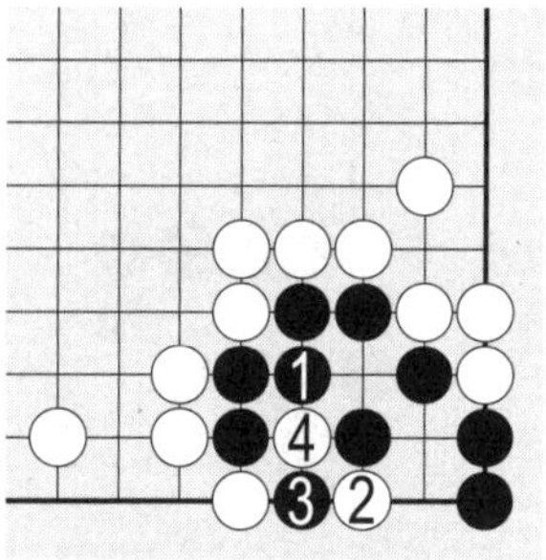

题 330　5/5　失败　劫

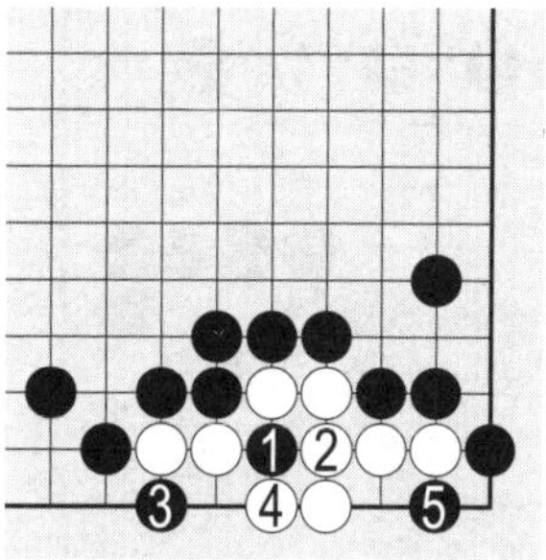

题 331　1/4　正解

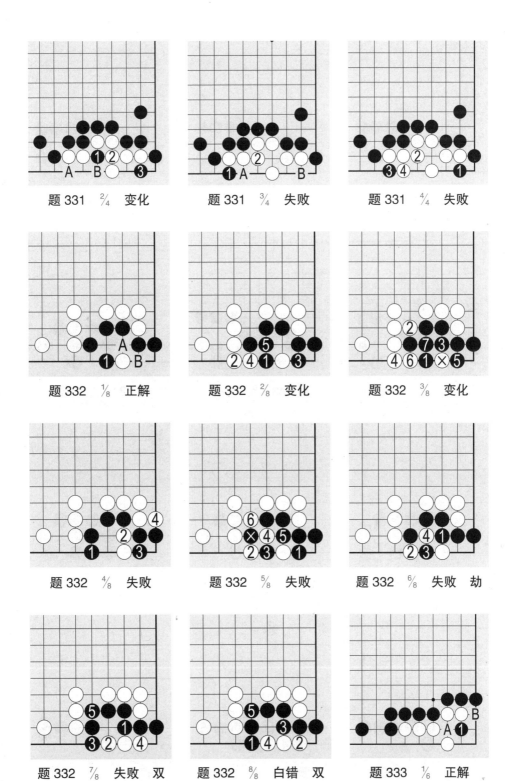

題 331 ²⁄₄ 变化　　　題 331 ³⁄₄ 失败　　　題 331 ⁴⁄₄ 失败

題 332 ¹⁄₈ 正解　　　題 332 ²⁄₈ 变化　　　題 332 ³⁄₈ 变化

題 332 ⁴⁄₈ 失败　　　題 332 ⁵⁄₈ 失败　　　題 332 ⁶⁄₈ 失败 劫

題 332 ⁷⁄₈ 失败 双　　　題 332 ⁸⁄₈ 白错 双　　　題 333 ¹⁄₆ 正解

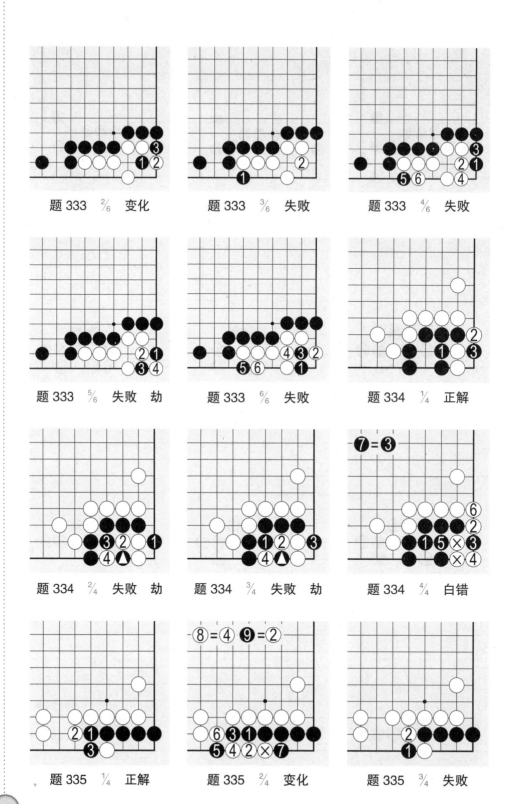

题333 2/6 变化　　　题333 3/6 失败　　　题333 4/6 失败

题333 5/6 失败 劫　　题333 6/6 失败　　题334 1/4 正解

题334 2/4 失败 劫　　题334 3/4 失败 劫　　题334 4/4 白错

题335 1/4 正解　　　题335 2/4 变化　　　题335 3/4 失败

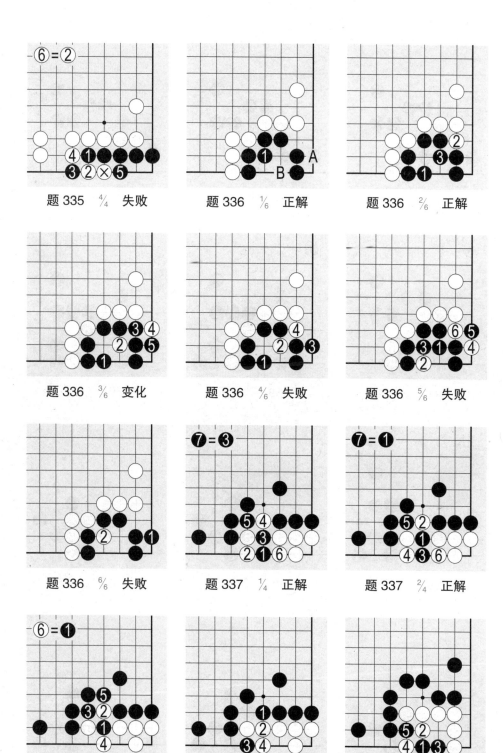

题 335　4/4　失败　　　　　题 336　1/6　正解　　　　　题 336　2/6　正解

题 336　3/6　变化　　　　　题 336　4/6　失败　　　　　题 336　5/6　失败

题 336　6/6　失败　　　　　题 337　1/4　正解　　　　　题 337　2/4　正解

题 337　3/4　失败　　　　　题 337　4/4　失败　　　　　题 338　1/5　正解

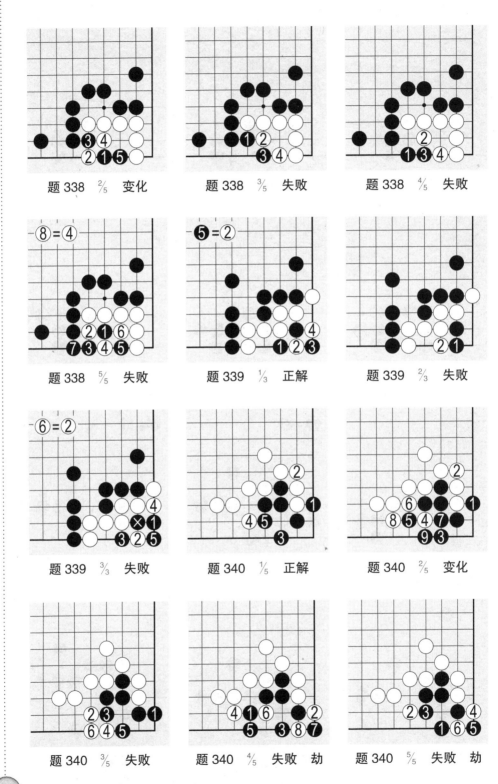

题 338 ²/₅ 变化　　　题 338 ³/₅ 失败　　　题 338 ⁴/₅ 失败

⑧＝④

题 338 ⁵/₅ 失败　　　题 339 ¹/₃ 正解　　　题 339 ²/₃ 失败

❺＝②

⑥＝②

题 339 ³/₃ 失败　　　题 340 ¹/₅ 正解　　　题 340 ²/₅ 变化

题 340 ³/₅ 失败　　　题 340 ⁴/₅ 失败 劫　　　题 340 ⁵/₅ 失败 劫

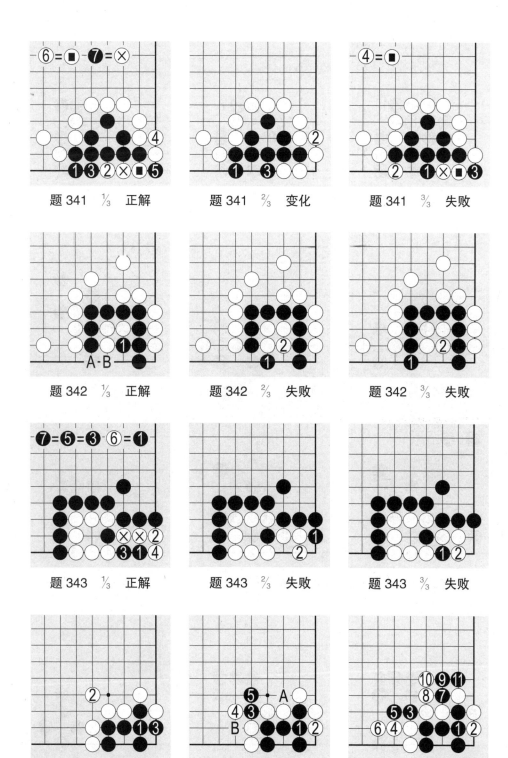

題 341　1/3　正解　　　題 341　2/3　変化　　　題 341　3/3　失敗

題 342　1/3　正解　　　題 342　2/3　失敗　　　題 342　3/3　失敗

題 343　1/3　正解　　　題 343　2/3　失敗　　　題 343　3/3　失敗

題 344　1/8　正解　　　題 344　2/8　変化　　　題 344　3/8　変化

参考答案

157

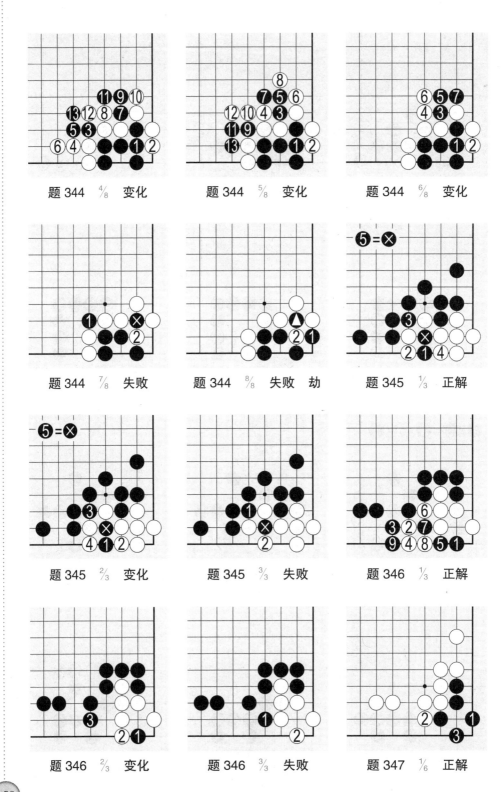

题344 ⁴⁄₈ 变化　　　题344 ⁵⁄₈ 变化　　　题344 ⁶⁄₈ 变化

题344 ⁷⁄₈ 失败　　　题344 ⁸⁄₈ 失败 劫　　　题345 ¹⁄₃ 正解

题345 ²⁄₃ 变化　　　题345 ³⁄₃ 失败　　　题346 ¹⁄₃ 正解

题346 ²⁄₃ 变化　　　题346 ³⁄₃ 失败　　　题347 ¹⁄₆ 正解

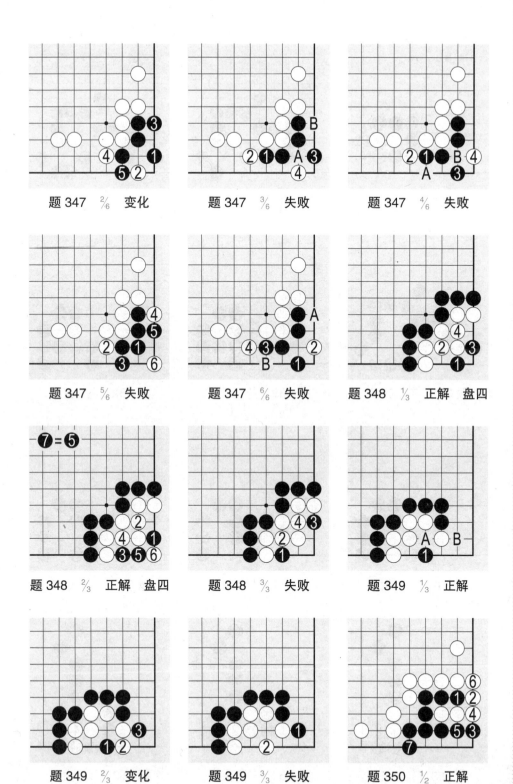

題 347 ²⁄₆　変化　　　　題 347 ³⁄₆　失敗　　　　題 347 ⁴⁄₆　失敗

題 347 ⁵⁄₆　失敗　　　　題 347 ⁶⁄₆　失敗　　　　題 348 ¹⁄₃　正解　盤四

題 348 ²⁄₃　正解　盤四　　題 348 ³⁄₃　失敗　　　　題 349 ¹⁄₃　正解

題 349 ²⁄₃　変化　　　　題 349 ³⁄₃　失敗　　　　題 350 ¹⁄₂　正解

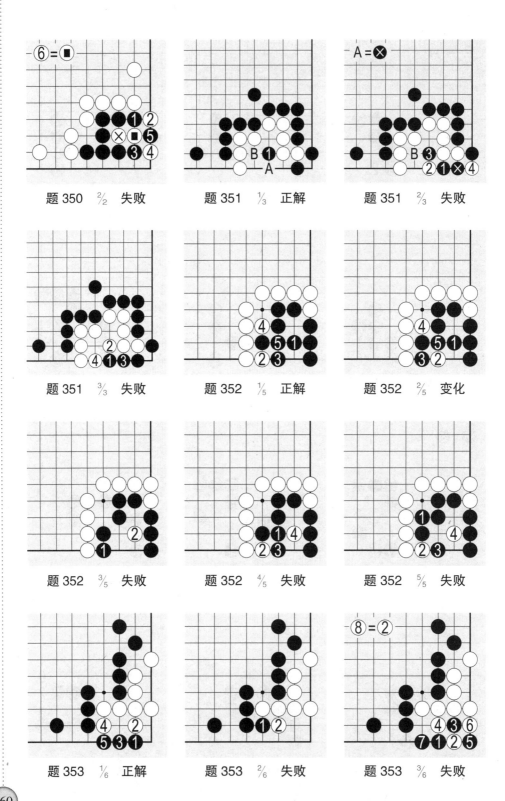

⑥=■

题350 ²⁄₂ 失败

A=⊗

题351 ¹⁄₃ 正解

题351 ²⁄₃ 失败

题351 ³⁄₃ 失败

题352 ¹⁄₅ 正解

题352 ²⁄₅ 变化

题352 ³⁄₅ 失败

题352 ⁴⁄₅ 失败

题352 ⁵⁄₅ 失败

题353 ¹⁄₆ 正解

题353 ²⁄₆ 失败

⑧=②

题353 ³⁄₆ 失败

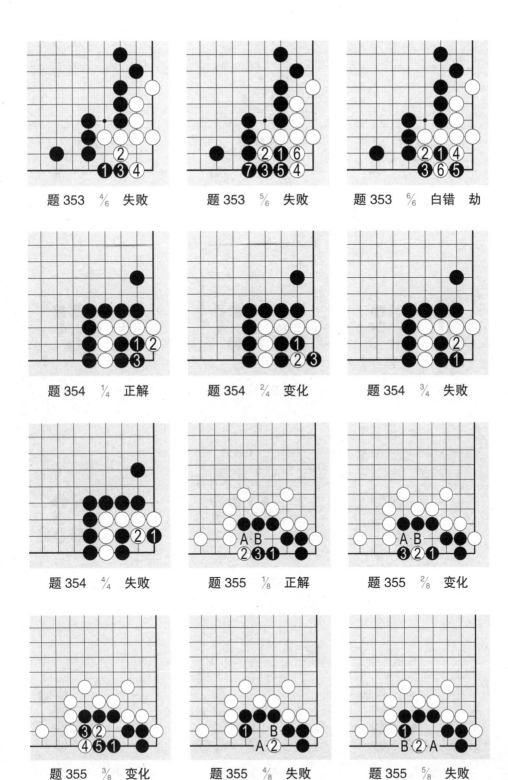

題 353 ⁴⁄₆ 失败　　題 353 ⁵⁄₆ 失败　　題 353 ⁶⁄₆ 白错　劫

題 354 ¹⁄₄ 正解　　題 354 ²⁄₄ 变化　　題 354 ³⁄₄ 失败

題 354 ⁴⁄₄ 失败　　題 355 ¹⁄₈ 正解　　題 355 ²⁄₈ 变化

題 355 ³⁄₈ 变化　　題 355 ⁴⁄₈ 失败　　題 355 ⁵⁄₈ 失败

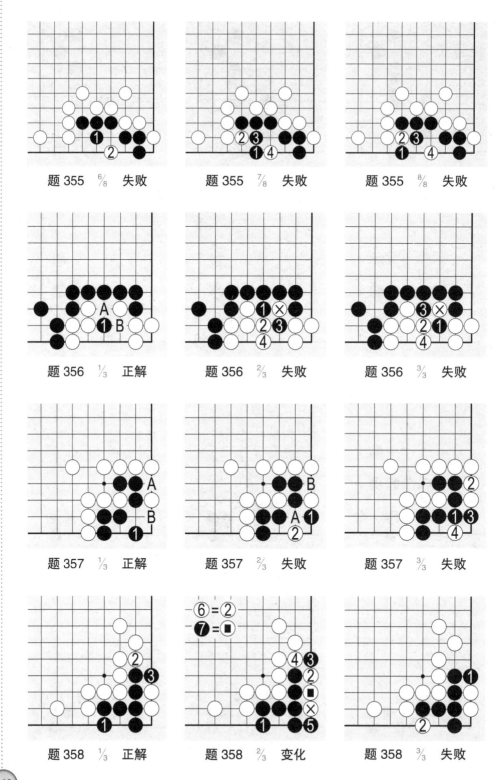

题 355 $6/8$ 失败　　　　题 355 $7/8$ 失败　　　　题 355 $8/8$ 失败

题 356 $1/3$ 正解　　　　题 356 $2/3$ 失败　　　　题 356 $3/3$ 失败

题 357 $1/3$ 正解　　　　题 357 $2/3$ 失败　　　　题 357 $3/3$ 失败

⑥=②
❼=▪

题 358 $1/3$ 正解　　　　题 358 $2/3$ 变化　　　　题 358 $3/3$ 失败

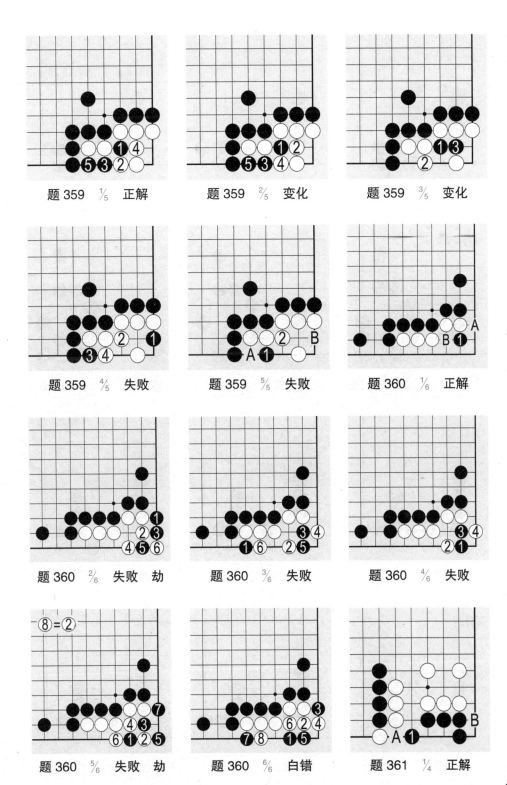

题359 1/5 正解　　　题359 2/5 变化　　　题359 3/5 变化

题359 4/5 失败　　　题359 5/5 失败　　　题360 1/6 正解

题360 2/6 失败 劫　　　题360 3/6 失败　　　题360 4/6 失败

题360 5/6 失败 劫　　　题360 6/6 白错　　　题361 1/4 正解

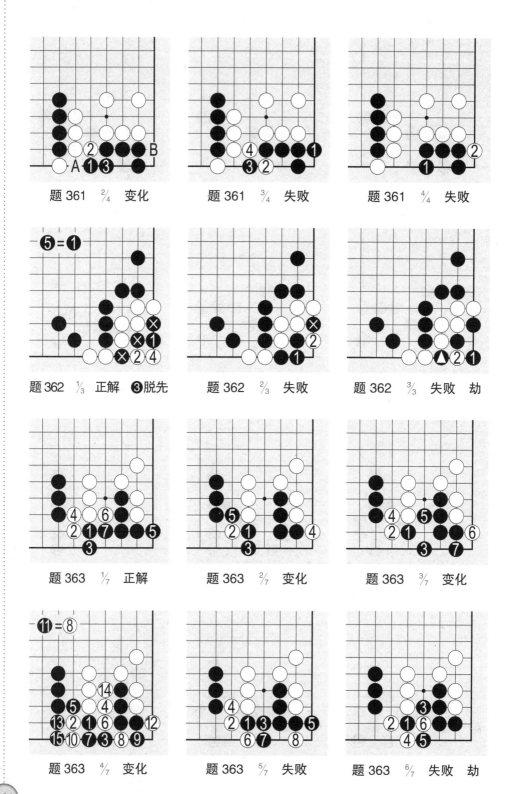

题361 2/4 变化　　　题361 3/4 失败　　　题361 4/4 失败

题362 1/3 正解 ❸脱先　　　题362 2/3 失败　　　题362 3/3 失败 劫

题363 1/7 正解　　　题363 2/7 变化　　　题363 3/7 变化

题363 4/7 变化　　　题363 5/7 失败　　　题363 6/7 失败 劫

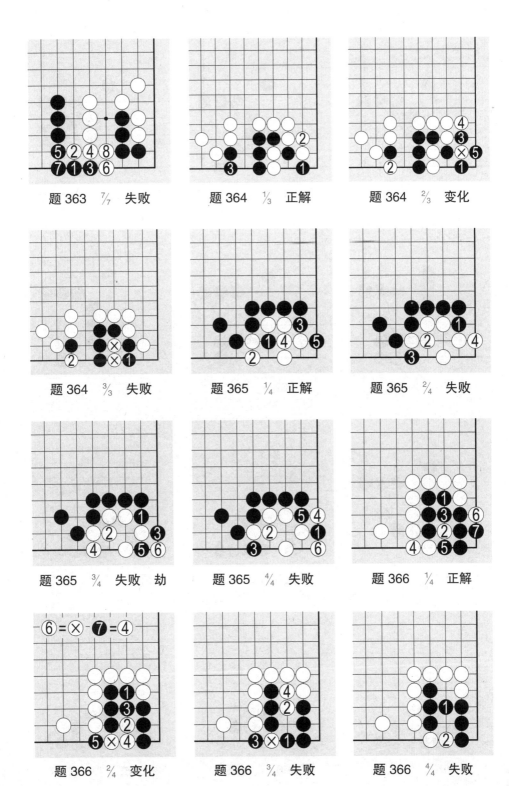

題363　7/7　失敗　　　題364　1/3　正解　　　題364　2/3　変化

題364　3/3　失敗　　　題365　1/4　正解　　　題365　2/4　失敗

題365　3/4　失敗　劫　　題365　4/4　失敗　　　題366　1/4　正解

⑥＝⊗　❼＝④

題366　2/4　変化　　　題366　3/4　失敗　　　題366　4/4　失敗

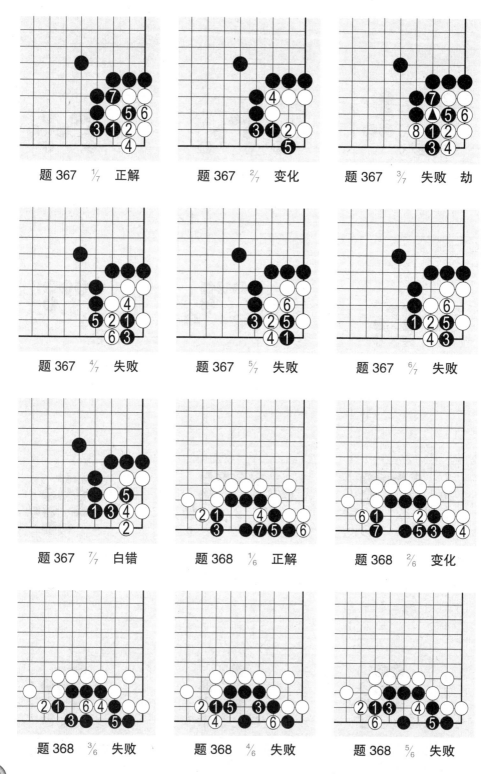

题367 1/7 正解　　　题367 2/7 变化　　　题367 3/7 失败　劫

题367 4/7 失败　　　题367 5/7 失败　　　题367 6/7 失败

题367 7/7 白错　　　题368 1/6 正解　　　题368 2/6 变化

题368 3/6 失败　　　题368 4/6 失败　　　题368 5/6 失败

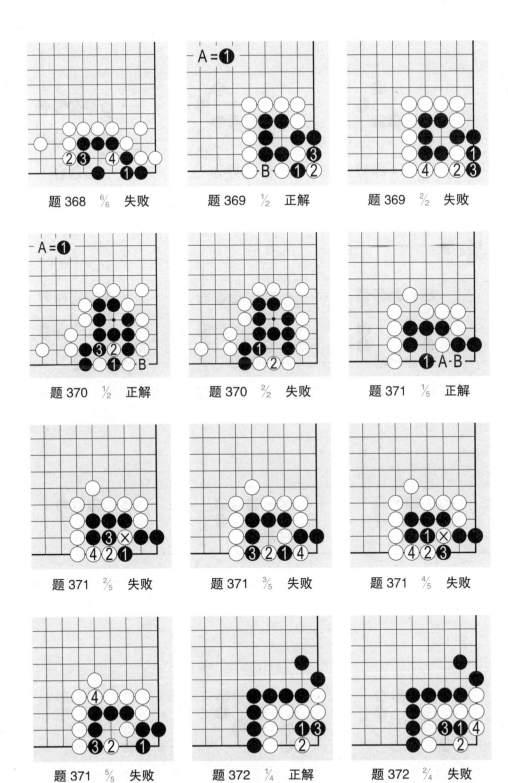

题 368 ⁶⁄₆ 失败　　题 369 ¹⁄₂ 正解　　题 369 ²⁄₂ 失败

题 370 ¹⁄₂ 正解　　题 370 ²⁄₂ 失败　　题 371 ¹⁄₅ 正解

题 371 ²⁄₅ 失败　　题 371 ³⁄₅ 失败　　题 371 ⁴⁄₅ 失败

题 371 ⁵⁄₅ 失败　　题 372 ¹⁄₄ 正解　　题 372 ²⁄₄ 失败

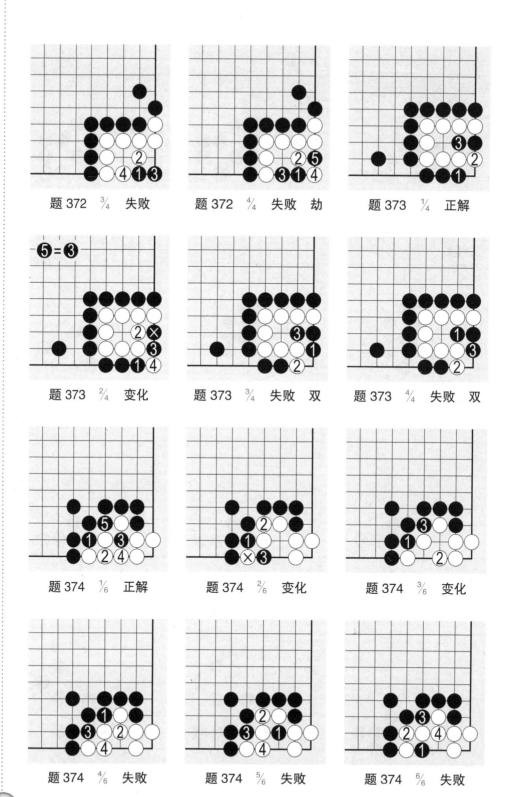

题 372　¾　失败　　　题 372　⁴⁄₄　失败　劫　　　题 373　¼　正解

⑤＝③

题 373　²⁄₄　变化　　　题 373　¾　失败　双　　　题 373　⁴⁄₄　失败　双

题 374　⅙　正解　　　题 374　²⁄₆　变化　　　题 374　³⁄₆　变化

题 374　⁴⁄₆　失败　　　题 374　⁵⁄₆　失败　　　题 374　⁶⁄₆　失败

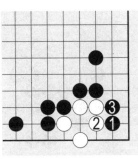

题375 ¹⁄₁₁ 正解

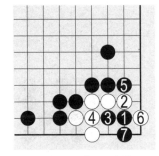

题375 ²⁄₁₁ 变化

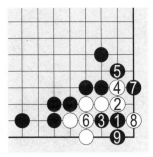

题375 ³⁄₁₁ 变化

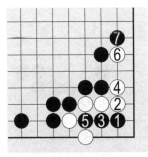

题375 ⁴⁄₁₁ 变化

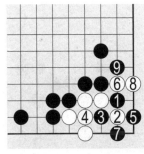

题375 ⁵⁄₁₁ 正解

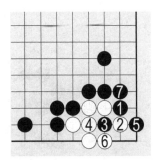

题375 ⁶⁄₁₁ 变化

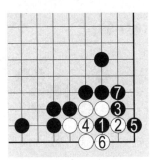

题375 ⁷⁄₁₁ 正解

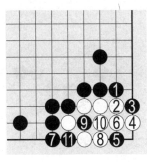

题375 ⁸⁄₁₁ 正解

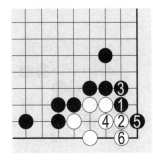

题375 ⁹⁄₁₁ 失败

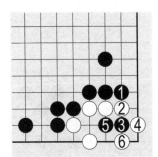

题375 ¹⁰⁄₁₁ 失败

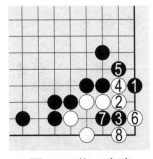

题375 ¹¹⁄₁₁ 失败

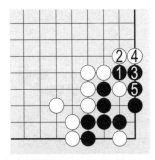

题376 ¹⁄₃ 正解

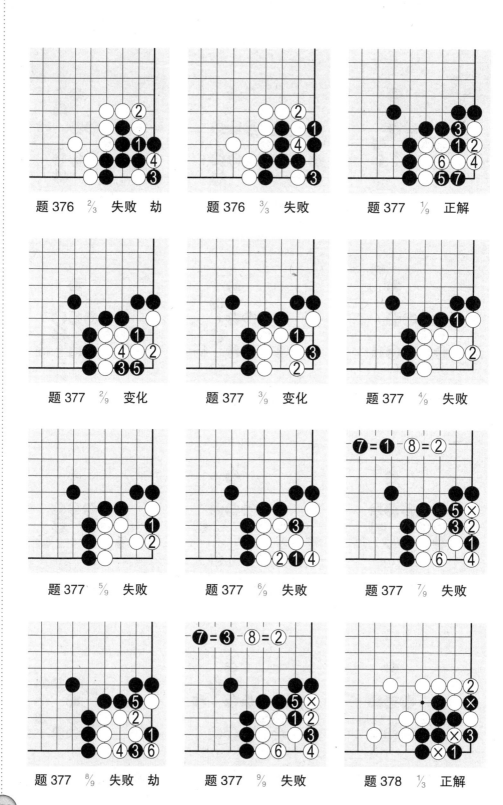

题376 ²⁄₃ 失败 劫　　题376 ³⁄₃ 失败　　题377 ¹⁄₉ 正解

题377 ²⁄₉ 变化　　题377 ³⁄₉ 变化　　题377 ⁴⁄₉ 失败

题377 ⁵⁄₉ 失败　　题377 ⁶⁄₉ 失败　　题377 ⁷⁄₉ 失败

题377 ⁸⁄₉ 失败 劫　　题377 ⁹⁄₉ 失败　　题378 ¹⁄₃ 正解

❼=❶ ⑧=②

❼=❸ ⑧=②

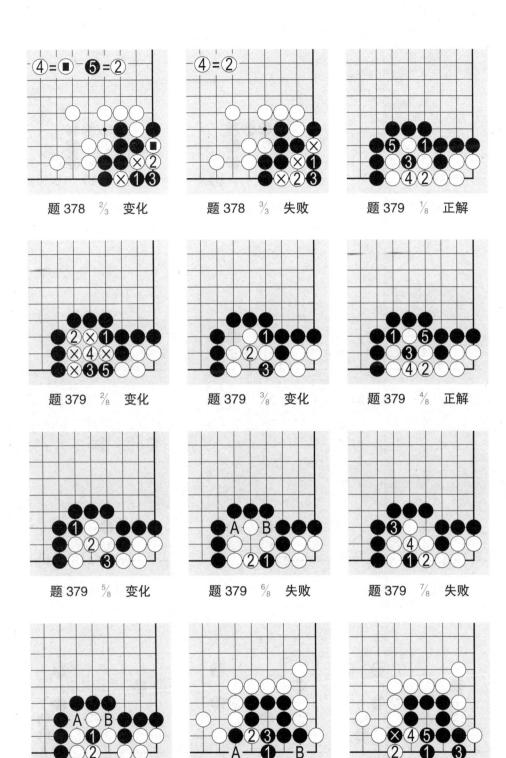

④=■ ❺=②

題378 ²⁄₃ 変化

④=②

題378 ³⁄₃ 失敗

題379 ¹⁄₈ 正解

題379 ²⁄₈ 変化

題379 ³⁄₈ 変化

題379 ⁴⁄₈ 正解

題379 ⁵⁄₈ 変化

題379 ⁶⁄₈ 失敗

題379 ⁷⁄₈ 失敗

題379 ⁸⁄₈ 失敗

題380 ¹⁄₁₁ 正解

題380 ²⁄₁₁ 変化

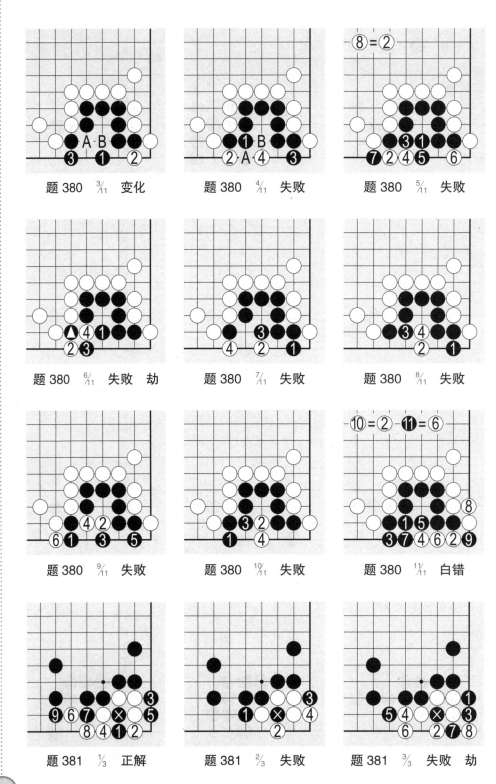

题 380 ³/₁₁ 变化　　题 380 ⁴/₁₁ 失败　　题 380 ⁵/₁₁ 失败

题 380 ⁶/₁₁ 失败　劫　　题 380 ⁷/₁₁ 失败　　题 380 ⁸/₁₁ 失败

题 380 ⁹/₁₁ 失败　　题 380 ¹⁰/₁₁ 失败　　题 380 ¹¹/₁₁ 白错

题 381 ¹/₃ 正解　　题 381 ²/₃ 失败　　题 381 ³/₃ 失败　劫

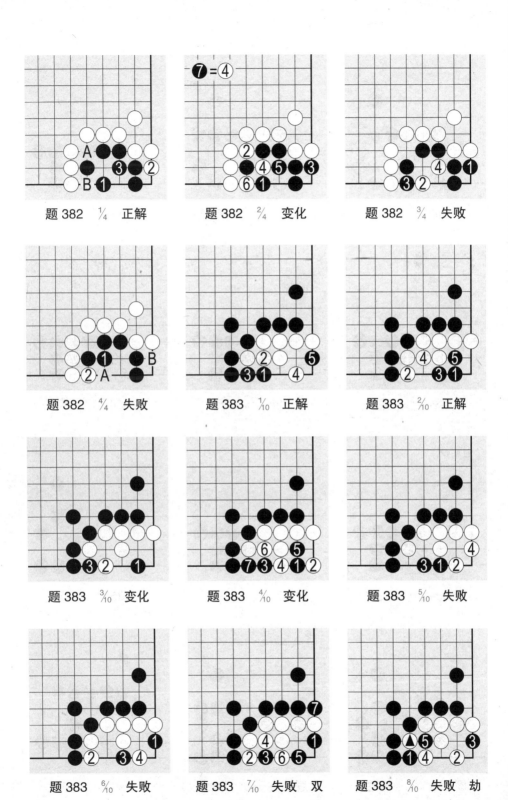

题382　¼　正解

⑦＝④

题382　²⁄₄　变化

题382　³⁄₄　失败

题382　⁴⁄₄　失败

题383　¹⁄₁₀　正解

题383　²⁄₁₀　正解

题383　³⁄₁₀　变化

题383　⁴⁄₁₀　变化

题383　⁵⁄₁₀　失败

题383　⁶⁄₁₀　失败

题383　⁷⁄₁₀　失败　双

题383　⁸⁄₁₀　失败　劫

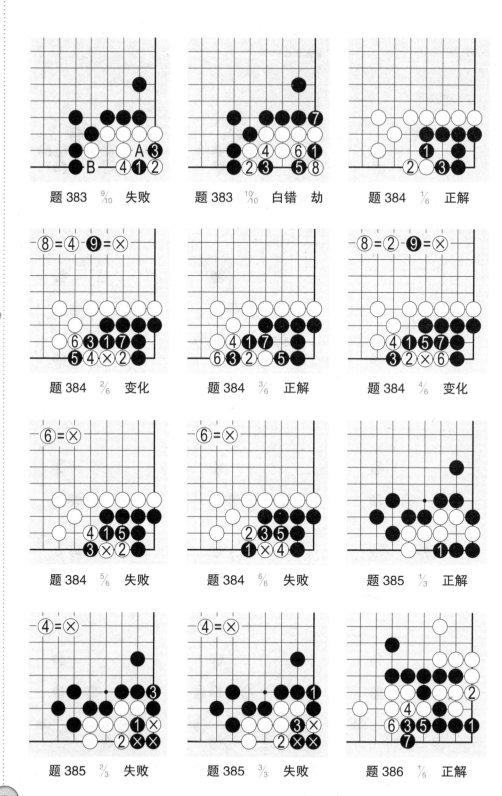

题383 ⁹⁄₁₀ 失败　　　题383 ¹⁰⁄₁₀ 白错 劫　　　题384 ¹⁄₆ 正解

⑧=④ ⑨=✕　　　　　　　　　　　⑧=② ⑨=✕

题384 ²⁄₆ 变化　　　题384 ³⁄₆ 正解　　　题384 ⁴⁄₆ 变化

⑥=✕　　　　　　　⑥=✕

题384 ⁵⁄₆ 失败　　　题384 ⁶⁄₆ 失败　　　题385 ¹⁄₃ 正解

④=✕　　　　　　　④=✕

题385 ²⁄₃ 失败　　　题385 ³⁄₃ 失败　　　题386 ¹⁄₅ 正解

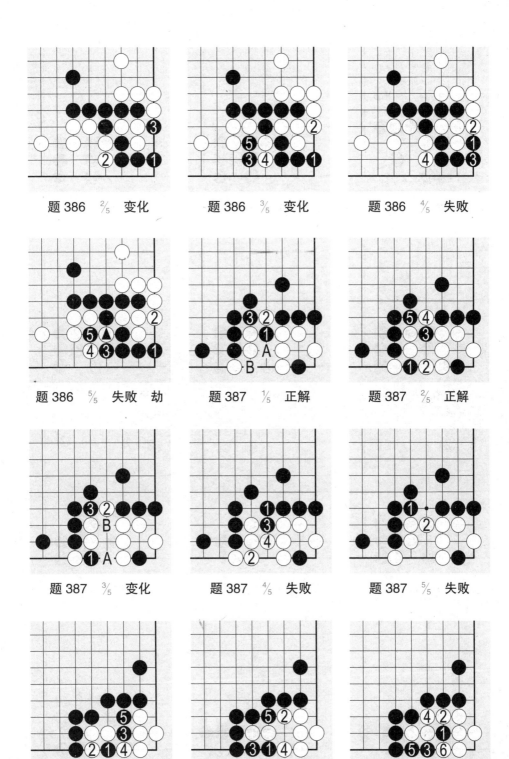

题 386 ²⁄₅ 变化　　　题 386 ³⁄₅ 变化　　　题 386 ⁴⁄₅ 失败

题 386 ⁵⁄₅ 失败 劫　　　题 387 ¹⁄₅ 正解　　　题 387 ²⁄₅ 正解

题 387 ³⁄₅ 变化　　　题 387 ⁴⁄₅ 失败　　　题 387 ⁵⁄₅ 失败

题 388 ¹⁄₄ 正解　　　题 388 ²⁄₄ 变化　　　题 388 ³⁄₄ 失败

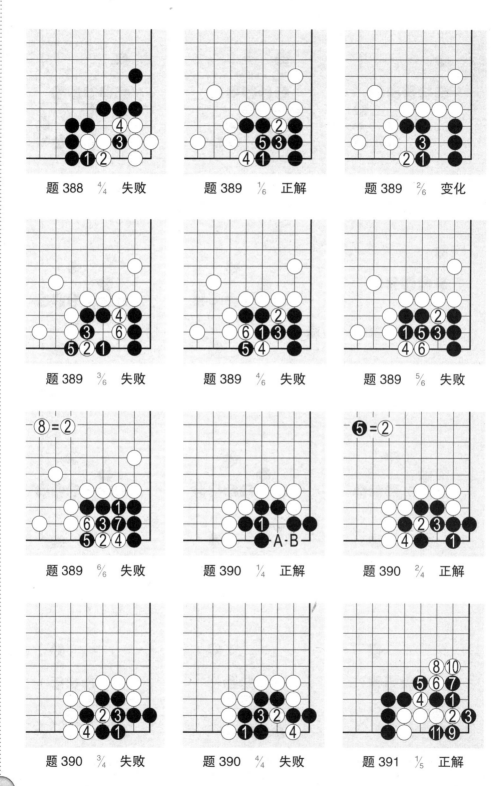

题 388　4/4　失败　　题 389　1/6　正解　　题 389　2/6　变化

题 389　3/6　失败　　题 389　4/6　失败　　题 389　5/6　失败

题 389　6/6　失败　　题 390　1/4　正解　　题 390　2/4　正解

题 390　3/4　失败　　题 390　4/4　失败　　题 391　1/5　正解

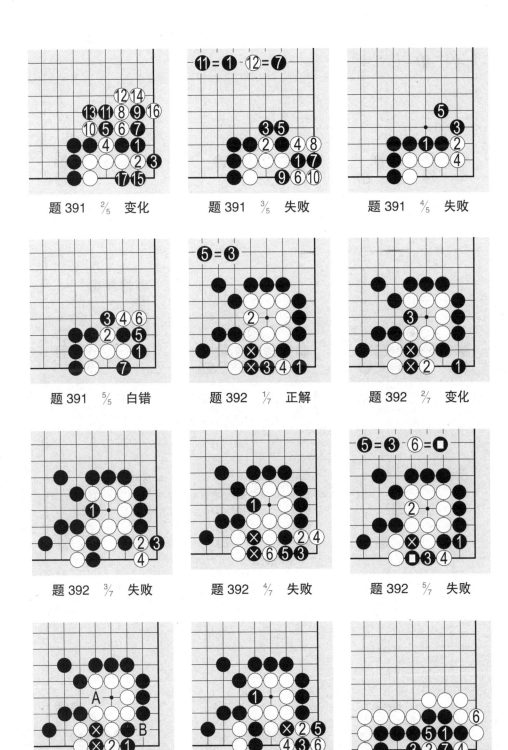

題 391　²⁄₅　变化

題 391　³⁄₅　失败

題 391　⁴⁄₅　失败

題 391　⁵⁄₅　白错

題 392　¹⁄₇　正解

題 392　²⁄₇　变化

題 392　³⁄₇　失败

題 392　⁴⁄₇　失败

題 392　⁵⁄₇　失败

題 392　⁶⁄₇　失败

題 392　⁷⁄₇　白错　劫

題 393　¹⁄₆　正解

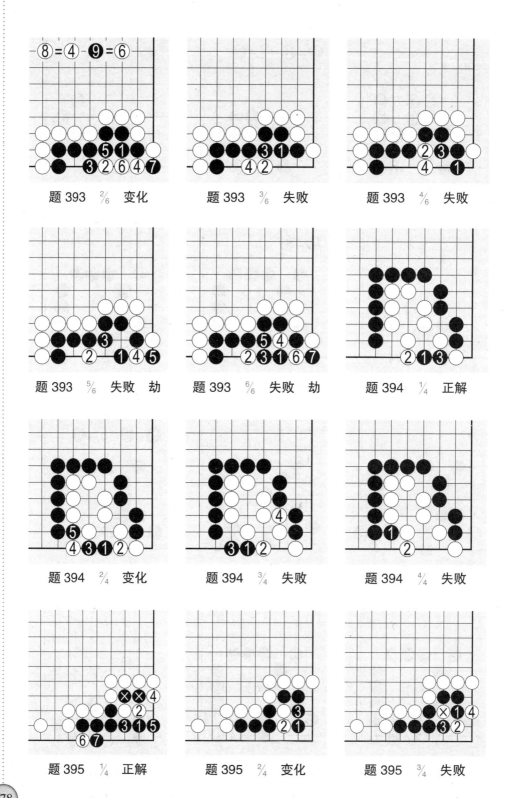

题393 ²⁄₆ 变化　　　题393 ³⁄₆ 失败　　　题393 ⁴⁄₆ 失败

题393 ⁵⁄₆ 失败 劫　　题393 ⁶⁄₆ 失败 劫　　题394 ¹⁄₄ 正解

题394 ²⁄₄ 变化　　　题394 ³⁄₄ 失败　　　题394 ⁴⁄₄ 失败

题395 ¹⁄₄ 正解　　　题395 ²⁄₄ 变化　　　题395 ³⁄₄ 失败

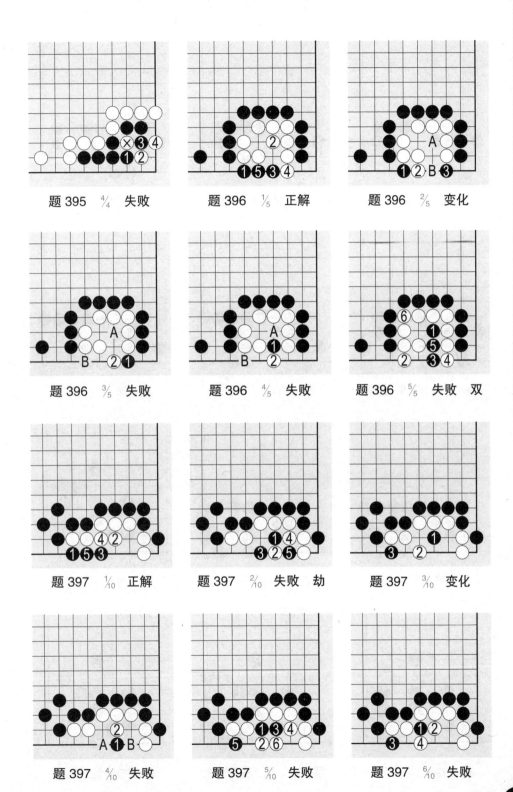

题 395　⁴⁄₄　失败　　　　题 396　¹⁄₅　正解　　　　题 396　²⁄₅　变化

题 396　³⁄₅　失败　　　　题 396　⁴⁄₅　失败　　　　题 396　⁵⁄₅　失败　双

题 397　¹⁄₁₀　正解　　　　题 397　²⁄₁₀　失败　劫　　　题 397　³⁄₁₀　变化

题 397　⁴⁄₁₀　失败　　　　题 397　⁵⁄₁₀　失败　　　　题 397　⁶⁄₁₀　失败

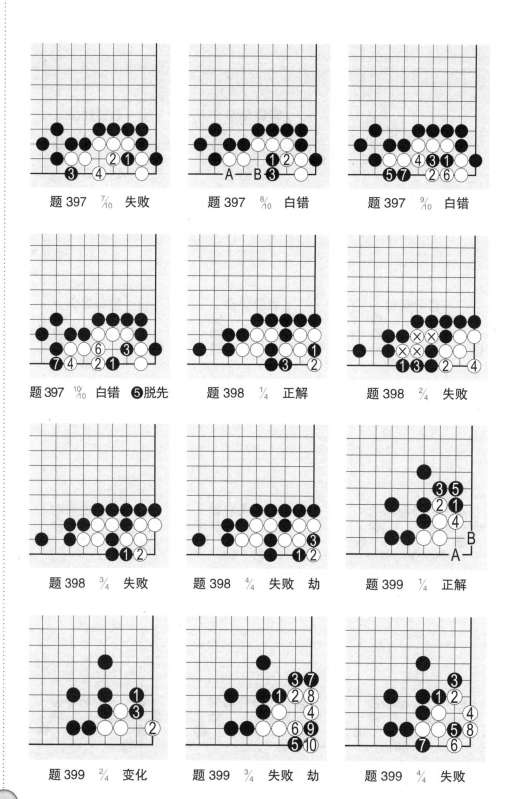

题397 ⁷⁄₁₀ 失败　　　题397 ⁸⁄₁₀ 白错　　　题397 ⁹⁄₁₀ 白错

题397 ¹⁰⁄₁₀ 白错 ❺脱先　　　题398 ¼ 正解　　　题398 ²⁄₄ 失败

题398 ¾ 失败　　　题398 ⁴⁄₄ 失败 劫　　　题399 ¼ 正解

题399 ²⁄₄ 变化　　　题399 ¾ 失败 劫　　　题399 ⁴⁄₄ 失败

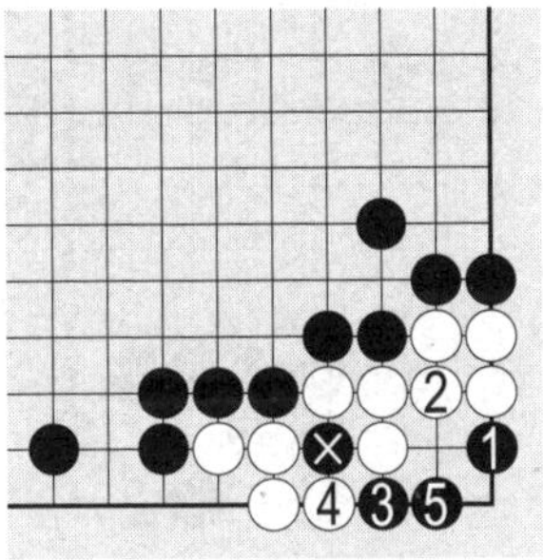
题 400 1/4 正解

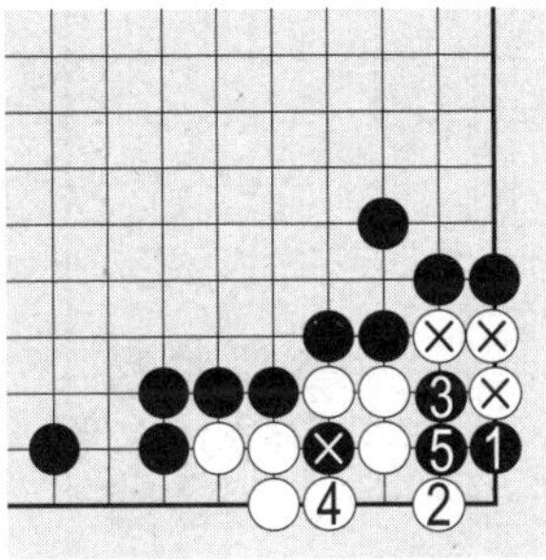
题 400 2/4 变化

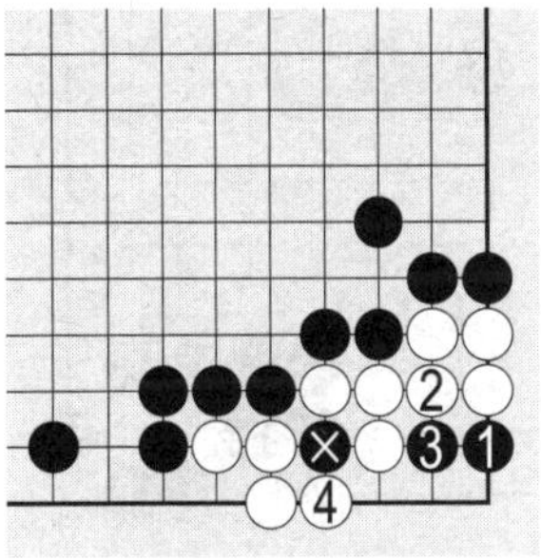
题 400 3/4 失败

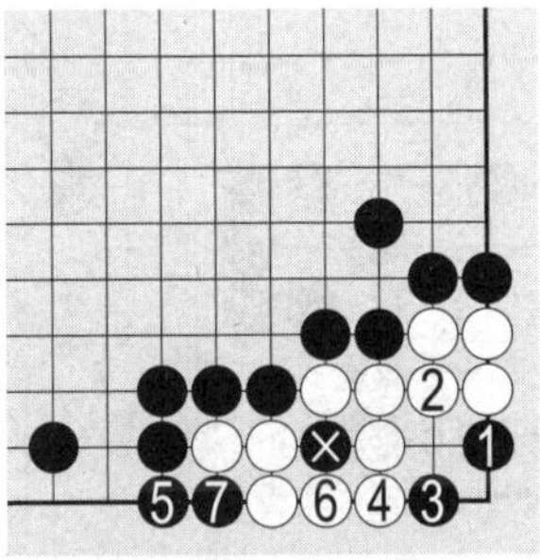
题 400 4/4 失败 双

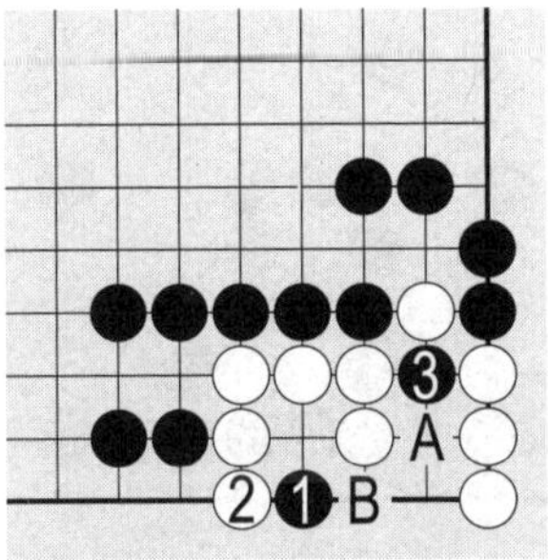
题 401 1/3 正解

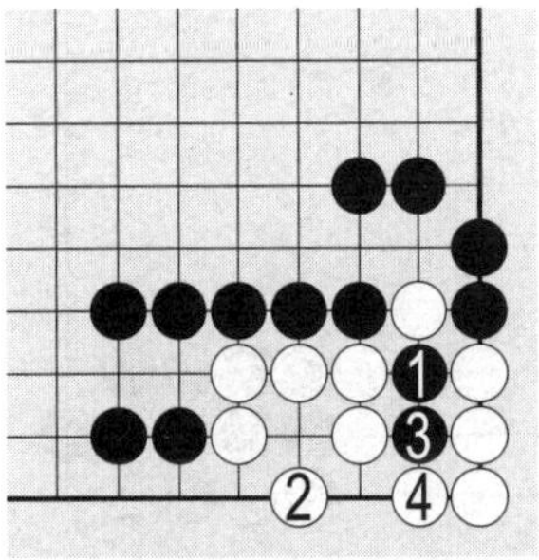
题 401 2/3 失败

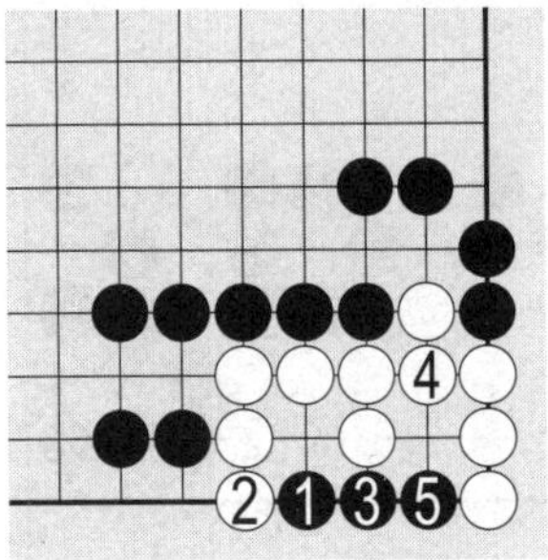
题 401 3/3 失败 双

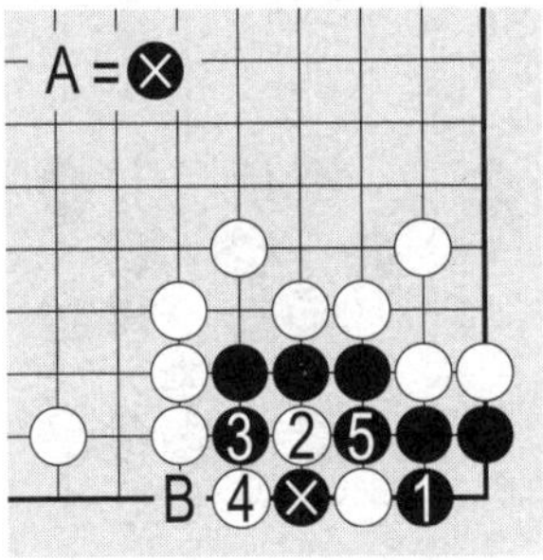
题 402 1/5 正解

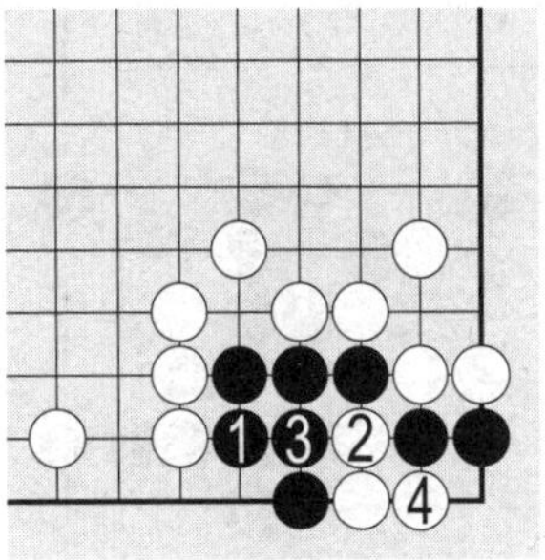
题 402 2/5 失败

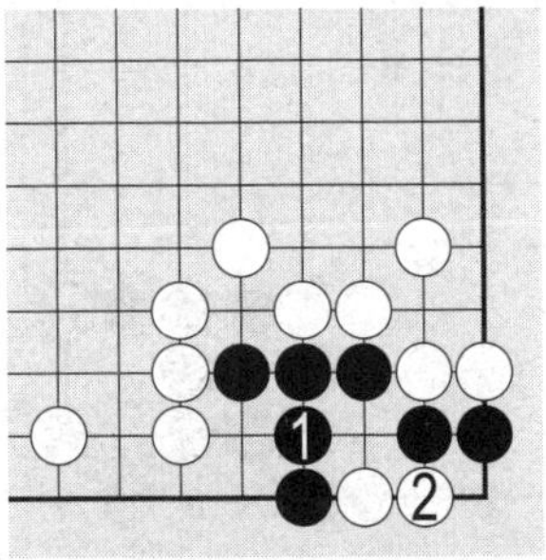
题 402 3/5 失败

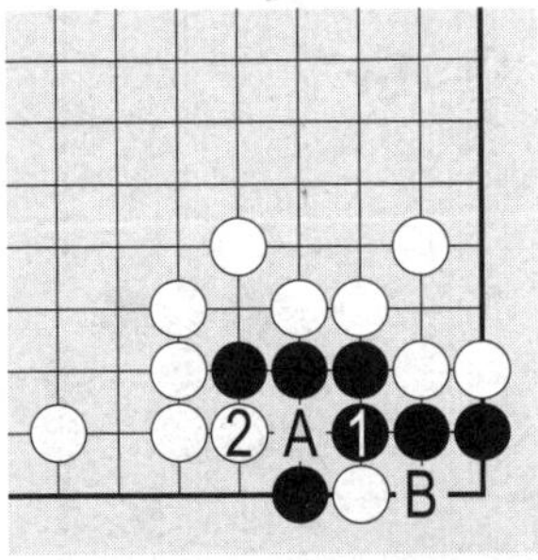
题 402 4/5 失败

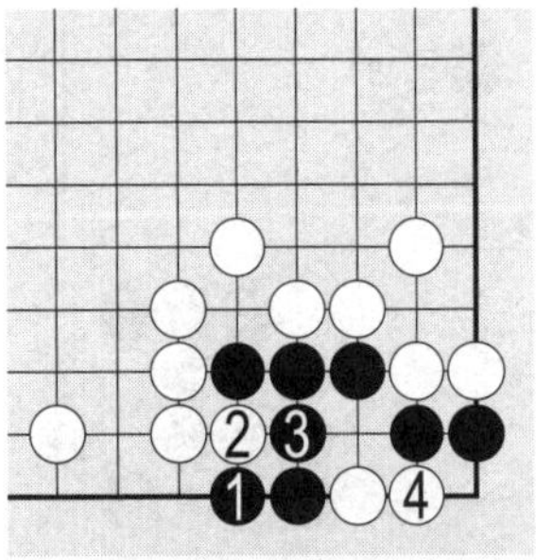
题 402 5/5 失败

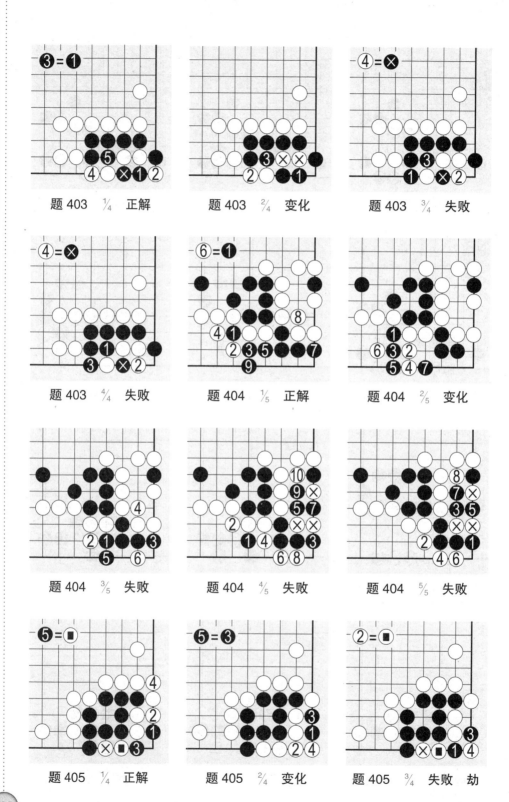

題403 ¼ 正解   題403 2/4 变化   題403 ¾ 失败

題403 4/4 失败   題404 ⅕ 正解   題404 2/5 变化

題404 3/5 失败   題404 4/5 失败   題404 5/5 失败

題405 ¼ 正解   題405 2/4 变化   題405 ¾ 失败 劫

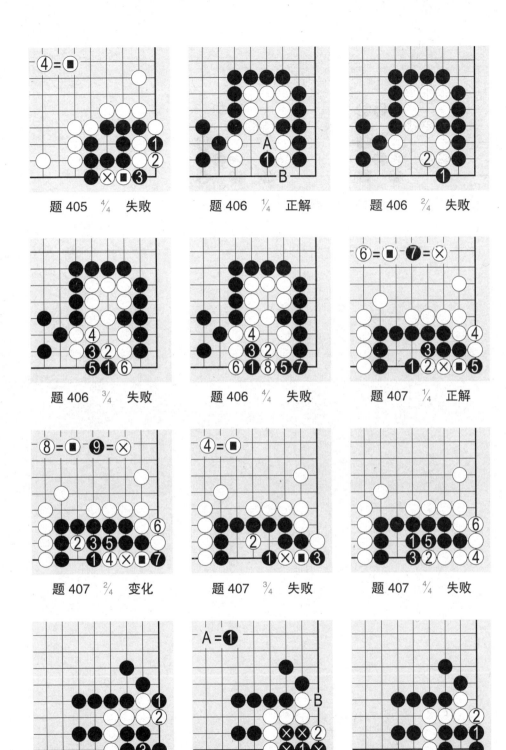

題405　⁴⁄₄　失败　　　　題406　¹⁄₄　正解　　　　題406　²⁄₄　失败

題406　³⁄₄　失败　　　　題406　⁴⁄₄　失败　　　　題407　¹⁄₄　正解

題407　²⁄₄　变化　　　　題407　³⁄₄　失败　　　　題407　⁴⁄₄　失败

題408　¹⁄₅　正解　　　　題408　²⁄₅　失败　　　　題408　³⁄₅　失败

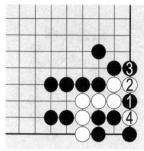

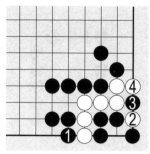

题 408 $\frac{4}{5}$　失败　劫　　　　题 408 $\frac{5}{5}$　失败　劫

好书介绍

《围棋入门一本就够》

简单明了的成人围棋入门书。每天一课，30 天围棋知识全面掌握。

《围棋入门口袋书》

真正零基础入门，小身材，大容量，丰富的例题，超全面的围棋知识。轻松索引，不懂就查。

《儿童围棋基础教程》（全 4 册）

系统性儿童围棋教程。每周一课，轻松学棋，讲解 + 习题，循序渐进。

《李昌镐儿童围棋课堂》（全 5 册）——李昌镐亲自授权的围棋入门书！

好玩的卡通画帮助记忆，让孩子从零开始，轻松入门。

《不得贪胜》——"石佛"李昌镐唯一自传！

了解李昌镐的围棋人生，品味"不得贪胜"的胜负哲学，挖掘才能与意志的力量，领悟想赢必须学会舍弃的智慧。

《象棋入门一本就够》

　　一学就会的成人象棋入门书。每天一课，30天象棋知识全面掌握。

《儿童象棋基础教程》

　　系统性儿童象棋教程。每周一课，轻松学棋，讲解＋习题，循序渐进。

《象棋战术一本就够》

　　11大类战术，230余战例详解，40局名家实战解析。得子、入局、抢先，战略目标明确，战术清晰易懂。

《象棋基本战术宝典——顿挫与腾挪》

　　强化讲解重要运子战术——顿挫与腾挪，串联各种象棋战术、残局、杀法必不可少的基本战术书。

《象棋入门与提高》（全4册）

　　打破以往象棋书死记硬背套路的模式，从职业棋手的思路、目标及执行方法讲起，逐步推导不同棋形之间的关系和相互转化的过程，使读者掌握自我学习、研究棋谱的方法。